誰でも口ずさめる「赤とんぼ」や「この道」「からたちの花」。曲をつくった山田耕筰は、二十世紀を岡山の寺で迎えていた。

池田武彦

岡山にいたころの
山田耕筰

山田耕筰の後輩は、今も彼を思い、慕う。岡山御津高校、前金川高校校友会はことし九月四日、かつての耕筰の散歩道に「音楽界の先駆者　山田耕筰ゆかりの地」と刻んだスマートな石碑を建てた

楽聖、二十世紀を代表する音楽家といわれる山田耕筰、その新世紀を岡山の寺で迎えた。自伝「若き日の狂詩曲」に記す。岡山で生活を始めた年の大みそか、明治三十三年（一九〇〇年）十二月三十一日三友寺の庭での模様。「その夜半私は義兄一家の人々と庭に集まった。広大な庭の四隅には篝り火が用意され地には焚き火が堆く積まれた。義兄は記秒時計を手にして待機した。除夜の鐘が鳴った。篝り火は炎上し、焚き火は燃え盛った。万歳の声は高く響いた。それは古き世紀を送る鐘の音であり、新しき世紀を迎える聖火であり歓声であった。義兄は厳として言った。二十世紀を迎えた。新しい世紀のために祈ろう」。山田耕筰は祈りの中で「音楽の道に進もう」。

東京音楽学校研究科当時、
耕筰二十二歳

関学時代、十七歳ころの山田耕筰

快事ができるのだが、と今は
自方に眼を注いでゐます　誰か
太っ腹の人はゐませんかねえ
でもこれで愛兄があれ程までに
して盡力してくれた事が空に
帰さぬ事になつたので喜でゐます
どうか喜で下さい
段々と面白くなるでせう
どうか御地の諸兄へも愛兄から
右よろしく御傳へ下さるようお願ひ
します　小関を盗で走書きしました

十八日　耕　筰
改名しました

壽男老兄

愛兄・老兄などと呼んだ下関の湯浅寿男さん宛ての手紙。昭和六年の渡仏直前に出した礼状。改名しましたとある＝県立金川高卒の岸本文人さんの提供

関学は昭和四年、阪急電鉄の小林一三氏の要請を受け、キャンパスを神戸・原田の森から阪急沿線の西宮上ヶ原に移した。移転を機に新校歌をつくることになり、同窓の山田耕筰に作曲を委嘱、北原白秋が作詞した。昭和八年六月、曲づくりのため、両氏が新キャンパスを訪れ、学生と交流した＝関西学院同窓会提供

新しい校歌「空の翼」は、昭和八年九月にでき上がり、山田耕筰は同月十八日の発表会で歌唱指導をした＝関西学院同窓会提供

山田耕筰とガントレット・恒一家が世話になった岡山市門田屋敷の三友寺。岡山空襲にめげず焼け残った山門。シャチ（鯱）が守ったか。境内からは往時はうかがえない

音楽に魅せられた山田耕筰を支えた義兄ガントレットと恒夫人

山田耕筰が居住した三友寺の山門の脇に〝ピンポン伝来の地岡山〟と刻まれた石碑がある。耕筰自伝に義兄ガントレットにピンポンの相手をさせられたとあるのを根拠に平成十八年九月、岡山県卓球協会が設置した

寺町、岡山市磨屋町にある薬師院。薬師院内の二つの建物を借り、明治十七年私立岡山普通予備学校が開校した。養忠学校・県立金川高校の前身である。薬師院駐車場の竹垣に沿って岡山県立金川高等学校発祥の地の碑がある

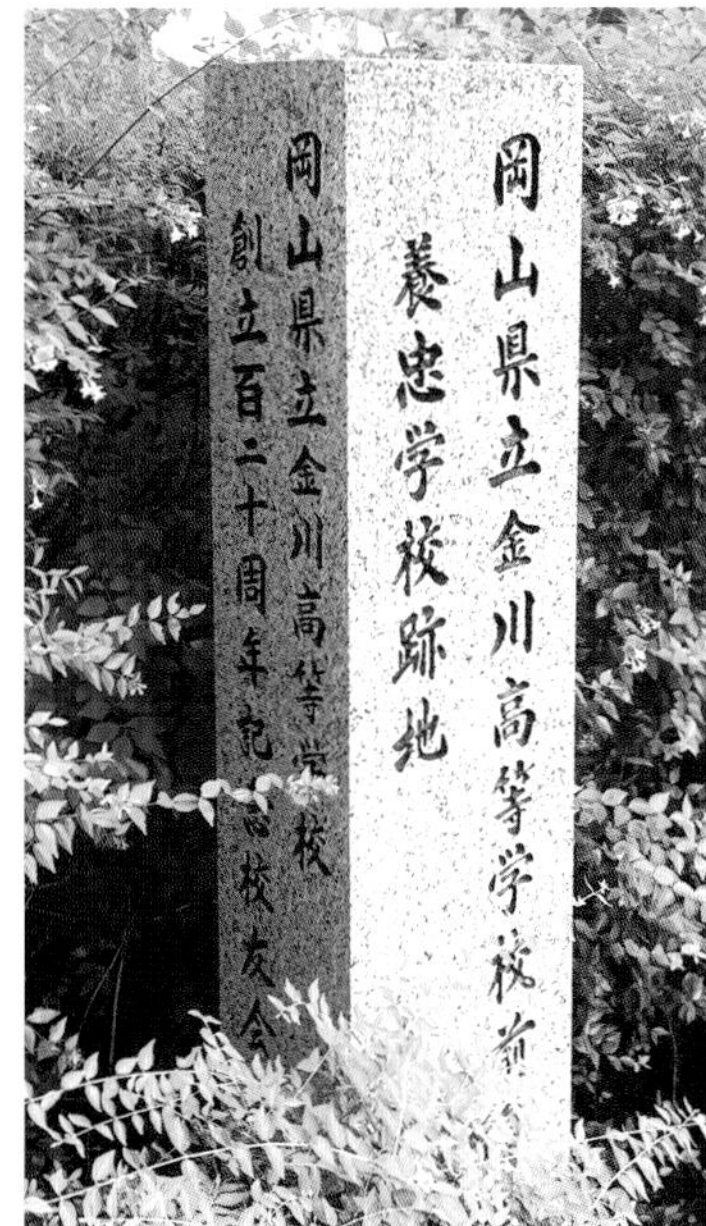

公立図書館では利用者数、貸し出し冊数で図抜ける岡山県立図書館。図書館ができる前は岡山市立丸の内中学校だった。戦前、明治期は養忠学校があった。山田耕筰はここで学んだ。草木に埋もれるように「岡山県立金川高等学校前身　養忠学校跡地」の石碑

山陽随筆

（1777）

岡山と私

山田耕筰（やまだこうさく）

十五から十九という脆白ざかりを私は岡山で暮した。その頃開校したばかりの六高の雇教師として赴任した義兄ガントレットの家に私は厄介になっていた。東京から来たというので、そうとう目立つ私だったと見えて、一中や関中の白狐隊どもに狙われておびえ切っていたので、養中（金川中の前身）の往き戻り以外は、殆ど独り歩きはしなかった。その私を保護してくれた騎士としては現在神戸女学院の院長をしている畠中博君や、よほど前に物故した、政友会代議士の難波清人君の名を忘れてはなるまい。

義兄の家は東山公園に近い三友寺全体を借り切っていた。それはなかなか広大なものだった。殊にその寺の屋根ときたら、子供の眼には、空に届くほど高く見えたので、まるで、お城のなかに住んでいるように思えてならなかった。広い前庭はテニスコート。その北側の塀の向うは石井氏経営の岡山孤児院。毎日のようにその塀を越えて飛び込むテニスボールがよく悶着の種子となった。

城塀のような岩乗な土塀のそとには深い溝があり、その向うは、東山公園へと通じる、軽い勾配のついた坂路だった。何とかいう紡績工場がその坂道の向う側にデンと構えていた。その工場には、三友寺の屋根と競うような、天を衝くような高い煙突があったが、その工場にしても煙突にしても、周囲の民家とは凡そ不釣合いに見えてならなかった。一体その頃の岡山にはそうした不釣合いが随所に見られた。

義兄は英国の地理学会の正会員だったので、とても山登りが好きだった。学校から戻ると直ぐ、六高裏の操山へ登るのが常だった。土曜から日曜にかけては、岡山周辺の山々の探検に出かけたものだ。穴居時代の遺跡探査と称しては、手に白いペンキを入れたバケツをさげて、肩にはシャベルをかついで、穴を発見すると、そのペンキで次々とNOを打つのが私の役目だった。

一口にいえば義兄は何でも屋であり、あらゆる斬新さを追う人だった。ピンポンを日本に入れたのも、エスペラントを輸入したのも義兄だった。お蔭で私は十五でザメンなる博士から免状を貰ってしまった。義兄はドンキホーテ、私はサンチョパンザだった。

殆ど机に坐って勉強する暇もない程忙しい私ではあったが、晩餐のあとでもピアノやオルガンの譜めくりをさせられることは、その頃の私にとって、とても楽しいことだった。いやそればかりではない、義兄の持つ興味の一切を強制的に私に注ぎ込んでくれたことは、今となってみれば、今日の私を作り上げる上にどれほど為になったか判らない。その点からも私にとって、岡山の持つ意義は洵に深い。

それに今一つ言い残してならないのは、私の母の死と私の音楽志望の問題だ。

私が十八の夏だった。その頃私は神戸の関西学院に行ったのだが、大阪の大博覧会見物旁々、岡山へ来た母が、子宮ガンで倒れて、そのまま姉の家に寝ついてしまったことだ。私の十九歳正月二十四日、母はながい重患から解放されて遂に天国に迎えられたのだ。母は死床に姉や兄を集めて、私の音楽志望を容れてやってくれと遺言したのだった。母の死は私にとっては悲痛極まる現実ではあったが、その現実が私の宿望達成の第一歩となったことを思えば、岡山と私は絶対に分けて考えられないのであるといえよう。

岡山と私について筆を執ってみると、岡山に就ての思出はあまりにも多く、青春の回想も数々私の眼前を走り回るのである。三友寺の庭で迎えた二十世紀の暁天も、何か、深くつよく私に物語ってくるのであり、それに触れてみるのも面白いとは思うのであるが、限られた枚数も尽きたので、心残りではあるが、他日に譲ることとしよう。（作曲家、芸術院会員）

筆まめ、筆忠実であった山田耕筰。昭和三十二年八月十八日㈰朝刊八面の「山陽随筆」に書いている。「岡山と私」。義兄ガントレット一家とのテニス、山登り、ピンポン、ピアノやオルガンの譜めくりと楽しく、忙しかったと。「岡山と私について筆を執ってみると、岡山に就ての思出はあまりにも多く、青春の回想も数々私の眼前を走り回るのである」

山陽新報

京都醫見一級に優勝 少女選手は五級で優勝

研究時代は去

御入輿近し 信子女王

秩父宮の御奮戰

歌手は荻野綾子嬢

小學教員會 發會式

巴里莫斯科間 最初の飛行

ダンス藝者告訴取下

和歌山縣會の大醜態

皇后陛下 御西下

五名の供奉員 仰付けらる

開廳僅か四年で

卅一棟を全燒

下り列車の增發陳情

貧乏人の子供よりも 金持の子が愛する

巡査一人

女二人

所澤へは何時歸る？

中根男の二女 行方不明

三十餘名 海中に墜つ

勞働組合の幹部取調

冷藏庫へ四名閉込む

創立五十年 歴史は長し今年は

岡山一中物語

その日の糊口に窮して 愛する子を捨つ

凄い程の美しい女が 三越呉服店で萬引

通行中の外人を斬る

再渡航者の福音

愈明日 筑前琵琶演奏會

太刀洗の十機 けふ岡山へ

將校も兵卒も泥醉

村會議員 火藥を密造

相被告が法廷で口論

丹那隧道で 四名慘死

富山縣下に 大地辷り

岡山に好印象を持って去った山田耕筰は、大正十三年十一月、開学五十年を記念し岡山一中が計画した新校歌をつくった。同月二十日夜の深柢小学校講堂での発表会には、ソプラノ歌手を連れてきた。この席で山田耕筰は完成したばかりのバラード「芥子粒夫人」も披露、聴衆は堂溢れた＝大正十三年十一月十六日付の山陽新報予告記事と同月二十二日付の関連記事

明治三十三年十一月二十五日　山陽新報　第六千五百十六號

山陽新報

東京電報

平和克復何の日にか在る

時論

時報

雜報

本紙六頁

岡山でのガントレットは、教職だけにとどまらず、石井十次や上代淑ら多くの人と交わり、ピンポンやオルガン演奏、エスペラント普及など異文化を吹き込んだ。明治三十三年十一月二十五日付の山陽新報一面。四段目の雑報中にガントレットの名がある

口絵の新聞コピーは、山陽新聞社提供、人物写真は「『音楽界の先覚者』山田耕筰の生涯」（岸本文人氏著）から転載

2020年9月30日発行 第12号
●地域総合文化誌／岡山人じゃが2020

目次

岡山明治の奇跡　漱石が来て山田耕筰も

義兄（六高教授）が楽聖の資質見抜く
さらなる奇縁　耕筰留学を漱石応援

池田武彦

観光で訪れた人、進学や転勤で岡山に来た風の人にしゃべる。「本当ですか」「知らなかった」とびっくり、感動してくれる。

今から百二十年近く前、明治二十五年七月東京帝大英文科で学ぶ夏目漱石（本名金之助）が夏休みを利用して一カ月も岡山に居たという事実、その足で四国の松山に正岡子規を訪ね、高浜虚子（清）を紹介される。後年、漱石は虚子がつくる雑誌「ホトトギス」に「吾輩は猫である」を書き作家になる。岡山旅行は作家道への糸口になった。

十年後、漱石がロンドン留学中の明治三十四年春、山田耕筰が岡山市に居住、一年半ばかり同市内の旧制中学校に通う。耕筰は素人ばなれした音楽愛好家の義兄からオルガンを習い、ピッコロをもらい、楽譜の読み方、書き方を教わった。耕筰に宿る曲づくりへの夢を大きく膨らませることになった。山田耕筰にとっても岡山長逗留が作曲家になる一歩に。漱石と耕筰は、最初のテーマパーク「岡山亜公園」や、木の橋だった京橋の架かる明治の岡山の景観を共有していた。東京でさらなるサプライズ、奇縁、二人は〝ご対面〟をし、漱石は耕筰のドイツ留学の応援までしていた。しばらく山田耕筰の岡山での長逗留、縦横無尽の様子、東京での出会いに至る道程をつづっていく。

山田耕筰、十五歳の時岡山に

「頭禿げても浮気は止めぬ、止めぬ浮気でまた禿げる」。耕筰さん七十六歳、昭和三十七年秋、山田家を訪ねた岡山からの友人に贈った色紙。つるつる頭の似顔絵まで添えて。こんなにじゃれあうことができる友が岡山にいた。耕筰が岡山に来たのは、十五歳のころ。東京生まれ、本郷。父の付けた名は耕作。昭和五年十二月になって耕筰といい出す。父親は才がある人で職を次々に替え、耕筰と母ひさ（久と書く資料も）はめまぐるしく居場所を変わる。横須賀、築地の外人居留地、千葉幕張……。あげくは耕筰十歳で父を失う。ひさは耕筰を巣鴨にあった牧師さん経営の勤労学校に入れる。牧師、田村直臣は、岸田劉生との交流もあった。昼働き、夜学び、聖歌を静かに。幼年期から彼耕筰が住むところには、ピアノやオルガンの音があり、英語を日常的にささやきのごとく近くで耳にしていた。勤労学校も病気でやめ鎌倉にひっそりとしていた母の元に帰る。明治十九年六月生まれの山田耕筰の十代半ばまでの一日、一日、辛いものだった。

ひさはこのままでは耕筰がじり安になると思い、娘恒（恒子とした資料もある）に頼る。恒はしっかり者、自立していた。耕筰の十三歳上。早くから母ひさと同様にキリスト教会に出入りし、その縁で知ったイギリス・ウェールズ出身の東洋英和学校教員のエドワード・ガントレットと結婚していた。恒（戸籍は岸登恒）は、女子学院で学び、英語教員検定試験突破をめざしていた。英国人との結婚に違和感はなかった。検定試験チャレンジは結婚後も続いてパス。試験官の一人、神田乃武（ないぶ）は「がんばるなあ」と激励した。この神田乃武は夏目漱石もずいぶん世話になっている。学生時代にラテン語を習い、松山中学へ赴任の際も神田の世話になった。松山から神田へ出した礼状も確認されている。漱石が英国に国費留学した時代、神田も英仏に留学、二人は英国で交流している。恒の夫、ガントレットは米国経由で明治二十四年（二十三年との資料も）に来日し、キリスト教プロテスタントの一派、メソジスト教会の布教をしていた。傍ら教師をし、オルガン演奏会の奏者にもなるなど器用な人だった。結婚は明治三十一年十月、ガントレット三十歳、恒二十五歳。恒は英語に不自由せず、日本キリスト教婦人矯風会という国際的な団体に属し、公娼制度の廃止や禁酒運動をしていた。堅実な夫婦にひさは耕筰を託した。

義兄ガントレットが面倒

ガントレットは明治三十三年九月、岡山に開校した第六高等学校の英語教授に迎えられていた。夫婦と子供二人、一家は岡山に移る。開校前の一家挙げての来岡か、ガントレット先行か、東京で団体の役員をしていた恒の岡山行きは遅れたか、いまだ判然としていないが、この時期、明治三十三年九月の第六高等学校開校の前後山田耕筰は姉一家の一員になった。昭和三十二年八月十八日（日）付の山陽新聞朝刊八面（学芸面）の「山陽随筆」は、山田耕筰が書いた。タイトルは「岡山と私」。肩書は作曲家、芸術院会員。〝光頭〟晴れやかな顔写真も付いている。山田耕筰七十一歳、前年十一月には文化勲章をもらっていた。長文。抜き書きをしてみる。「東京から来たというのでそうとう目立つ私だったと見えて一中や関中の白狐隊どもに狙われておびえ切っていたので養忠（金川中、県立金川高の前身）の行き戻り以外は殆ど独り歩きはしなかった」「義兄の家は東山公園に近い三友寺全体を借り切っていた。それはなかなか広大なものだった。殊にその寺の屋根ときたら子供の眼には空に届くほど高く見えたのでまるでお城のなかに僕が住んでいるように見えてならなかった」。耕筰氏は多筆、自伝も書いており「耕筰楽話」や「若き日の狂詩曲」は面白い、面白い。先の山陽新聞の随想に書かれた養忠学校、その学校が昭和三十八年十月に発行した八十年記念誌「臥龍」にも寄稿している。養忠の後の県立金川高等学校の発行。耕筰の喜寿を祝っての「山田耕筰全集」（未完）が出始めた時分。その寄稿の中で「私は義兄の所から藩主池田侯の建てた養忠学校というのへ通った。短いジャケッツに海軍ズボンといふのが学校の制服で、そのズボンのお尻かくしに私は義兄から貰ったピストルを忍ばせていた」。怖いガキだった。山陽新聞のエッセーにあるように他校の学生に備えてのことだったのか。養忠で一年後輩になる作家、坪田譲治は、金川高校での講演で「私がいた頃に山田耕筰がいた。野球をやっていた。姉がガントレット恒子であるというたので覚えている」と話している。耕筰の養忠での学びは一年半。「臥龍」の寄稿文で「岡山には長くもなかった。学生の気風の荒いのに憂慮を懐いた義兄は私を神戸へ送って関西学院に入れた。しかし、石もて追われるごとく学校を去ったのではない。岡山を去る日、大ぜいの恩師や同級生が駅まで見送ってくれた」。先の「頭禿げても浮気は止めぬ……」の色紙をいただいた人も耕筰を見送った一人。昭和三十二年金川町史編集委員会がまとめた「金川町史」。「金川中学」の項は「養忠卒業者には岡山中学に進み大成した人が多かった。変った人に音楽家山田耕筰などがいる」とわざわざ触れている。かつて岡山の百科事典だ、と評価された岡長平の労作「ぼっこう横丁」の「大道どうり」の説明で三友寺について「地蔵川の西詰北側は忍術つかいの伊賀衆の屋敷がならんでいた。つづいて三友寺があるだけだった。」三友寺の住人山田耕筰を「詰襟の正服で、美しく左分けをして養忠に通ってた。若き日の山田を今でも覚えとる」。岡長平さんは明治二十五年の生まれ、どこで接点があったのか。誰からか聞いた話か。こうして資料を寄せ集めてみると耕筰はよほど目立っていた。間違いない。耕筰とともにガントレット一家それぞれに注目されていた。

住まいは三友寺、聖歌隊に加わる

ガントレット夫妻は五年余の岡山で三度居場所を変更した。落ち着いたのが三友寺。岡山大学附属図書館編の「絵図で歩く岡山城下町」。倉地克直先生は「三友寺は江戸時代には東西33間（59・4ｍ）南北42間（78・6ｍ）の広さがあった。（池田）光政の転封にともなって鳥取から移転した」と記す。この調べをもとに計算すれば千五百坪近くになる。三友寺の現住所は岡山市門田屋敷二丁目。岡山市史「宗教教育編」に。あらましは「播州男山で三要庵と称していた。池田輝政が三友寺とあらためた。寛永九年の国替えで池田光政が鳥取から岡山に移ったとき、光政に従って岡山に来た。岡山市森下に寺地をもらったが、延宝元年、洪水にあい、門田屋敷に移転した」。文政十年の池田家絵図では、岡長平さんが説明する東山大道の北側の田の中に正方形に描かれ、周囲に溝をめぐらす。時を経て周辺は次第に屋敷、住宅地になっていく。寺地も削られていった。いまの三友寺は狭くはなったが、園児の声が寺地内の付属学校から聞かれ、本堂や庫裏も再建、空襲で焼け残った山門のシャチに歴史がうかがわれる。三友寺は明治二十年から石井十次の岡山孤児教育会（岡山孤児院）があったことで知られるが、明治三十年には三友寺を引き払って隣地に諸施設を移していた。その岡山孤児院に寄り添うように寺が六高教授になったガントレット一家の住まいに。三友寺の生活はどんなものだったのか。恒、ガントレット夫人はあっけらかんと書いている。「七十七年の思ひ出」の「岡山」にこのように。「（岡山では）岡山孤児院の石井十次さんの隣りに一番長く住まった。それは三友寺といふ禅寺でパーラーは三十六畳敷の本堂を使った。丸山さんといふ若い住職は面白い人であった。私共は耶蘇だから讃美歌を歌うが、差支えないかと断り、住職の方は朝夕のお勤めをさせてくれと双方了解であった。ところがバンプオルガン（後から手押で風を入れるオルガン）で賛美歌を歌ってキリスト教を発揮するうち、お坊さんの方はお勤めに来なくなったので……」と楽しそう。坊さん閉口した。

山田耕筰楽しくて、かつ忙しかった。義兄ガントレットに振り回された。ガントレットは教会音楽が流れる家庭で育ち、オルガン演奏が得意だった。建築現場の仕事も経験し美術学校にも通った。二十歳になるやそれまで充電した知識、キャリアを放電すべく米国へ。縁者のバンカーがいた。それからカナダへ。知り合ったカナダ・メソジスト教会の宣教師に日本行きを強く勧められ従った。メソジスト教会の伝道の手伝いをしつつ、麻布中学の前身、東洋英和学校で教えた。この学校はカナダ・メソジスト教会が開校時から関わっていた。不思議ともいえる縁、ガントレットも教育現場、教会行事で明治時代の英語学の開拓者、神田乃武と親しくなる。神田乃武は米国留学の際、カナダ・メソジスト教会で洗礼を受けていた。岡山の第六高等学校は開校に向けて広く全国から人材を募った。英仏留学を目前にしていた東京外国語学校の神田にも人選依頼はあってガントレットの名が出た。ガントレットの職場、英和学校が閉校、麻布中学に衣替えするころ、心機一転岡山めざす。

どんなに山田耕筰はあわただしかったか。姉の恒は一週間に一度のペースで山陽女学校の上代淑らも加わってパーラーで賛美歌を合唱する。ゾボー・バンドという聖歌隊をつくり山陽女学校でも披露した。耕筰も仲間に入ろうと懸命に声を出す。が、恒ははねのけた。先の自伝に記す。「調子をはずすので入れなかったが、追い出されても実に熱心に聞いていた。耕筰は主人がバンプオルガンを弾くときいつも風入れの役をした」。晩さんの後もガントレットが弾くオルガンの譜めくり役だった。東京音楽学校の声楽科卒の山田耕筰も岡山時代はまるで相手にされなかった。

広い三友寺境内の一角には、テニスコートもつくられた。「日本で庭にテニスコートを持ったのは私共が初めてだろう」（恒、七十七年の思ひ出）。ボールは隣の岡山孤児院に飛び込み、トラブルもあったと恒。雨天時には室内の机でテーブル・テニスをした。卓球のことだろう。もう毎日どんちゃかどんちゃか。ガントレット夫婦が金沢の第四高等学校に転地する明治四十年春まで続いた。ガントレット、恒の夫婦は、石井十次とも深くつき合って寄付をし、十次の頼みごとにも耳を貸している。それは十次の日記に生き生きと。

小銃お尻に養忠学校通学

ガントレットは山田耕筰を「ペテロ」と呼んだ。ペテロはキリストの一番弟子、耕筰はガントレットの一番弟子。教育者夫婦は耕筰を引き取ってしばらくして学校に入れた。明治三十四年五月、養忠学校入学。同校は数奇な道をたどり、昭和二十三年、県立金川高等学校に。そのころ学校は旧岡山城内の榎の馬場にあった。ここに移ったばかり。ちょうど二年前に校舎が完成、耕筰の目にも新鮮に見えたろう。旧藩主池田家の思いが込もった学校で校名も同家の関係者が「忠を養う」「君に忠」の願いから付けた。もとは明治十七年開校の私立岡山晋通予備学校、岡山中学や岡山師範学校に入学するための予備校だった。同市磨屋町の薬師院の二つの建物を借りてスタートした〝寺子屋〟だった。生徒が増えて池田侯の後援を受け、内山下、大きな榎があった榎の馬場に移転する。いまは県立図書館が建っている。岡山藩国家老、日置家の屋敷跡でもあり、転地に当たって校長も日置(ひき)健太郎に要請した。耕筰同期は六十人余。彼の保証人はガントレットと服部綾雄岡山中学の校長。義兄ガントレットは耕筰について養忠で学を積ませ、岡山中学へ、やがては六高に進む道を考えていたろう。現実はてんやわんや。東京から来た奴、外国人と一緒に居て賛美歌を口にする、尻ポケットにレミントンの小型銃、ガントレットとひざを交えての英会話でぺらぺら。バンカラな他校生には目障りこのうえない耕筰の存在であった。

耕筰自伝の「若き日の狂詩曲」の「エドワァド・ガントレット」に書き残す。「その頃岡山の学生間で猖獗(しょうけつ)を極めた忌しい悪風の対象とされた」。それでついには「児島湾にボウトを浮べて湾内の一小島に遊んだ時に突然一中生の襲撃を受けた。多勢に無勢、到底敵し難く思はれたので、私は突嗟にピストルを擬して、襲ひかかる一中生にホォルド・アップを食はせた」。そのため「私は知らぬ間に勝ち誇る不良少年の風ぼうを示しだし遂には警察も黙っていられなくなった。よし空弾にせよ、ピストルの携帯はよくないというので」。大騒ぎ。県立金川高校の資料に養忠時代の生徒の成績簿があるらしい。昭和四十一年六月発行の校友会報「秀芳」12号で、板津謙六氏が「操行は『乙』、成績は抜群で植物、英語、体操は特にすぐれている」とその資料から山田耕筰の一面を読み取っている。その先は「臥竜」の「私の養忠時代」の最後にあるように転校となった。令和二年九月、県立岡山御津高校（前県立金川高校）校友会はかつて山田耕筰が散歩道にしていた岡山市石関町に大きな花こう岩顕彰碑を建立した。同窓生はいまでも耕筰を思うのである。

コラム　美男子コンテストに応募

山田耕筰は生涯〝持て男〟だった。明治の文化の〝意外史〟を得意にしていた横田順彌氏は「快絶壮遊〔天狗倶楽部〕」（文庫版）中で「山田が明治末期の美男子コンテストに応募しているのは、興味深いエピソードだ」と教えてくれる。義兄ガントレットが、耕筰を岡山から神戸に移したのも異性とのいざこざを起こされぬうちにと思ったのでは…。六高教授の義弟スキャンダルは困る。

養忠、関学時代は、男子校で在学が短かったこともあってそちらのトラブルは聞かれなかった。しかし、明治三十八年九月東京音楽学校本科に進級してからは。これだけで一代記になる。音楽学校の師、幸田延とは公私にわたり密な関係だったと騒がれた。ドイツ留学スポンサー、岩崎小弥太の初対面でも幸田先生との仲を弁明する。留学前年、明治四十二年十二月、二十三歳時、関学時代の友人の妹とひそかに婚約してドイツへ。留学先で婚約者の裏切り、他家へ嫁いだことを聞く。大正元年のクリスマスイブにドイツ人女性と婚約、一年後の大正二年十二月帰国の途につく。女性そのままにして。同四年秋、永井郁子と結婚。「御大典奉祝前奏曲」発表の直前だった。半年後離婚。大正五年十一月かつて婚約、解消していた村上菊尾と結ばれ、翌年四月に長女誕生。氏三十一歳。それからも作家、大橋房子、自らの日本交響楽協会のスポンサー、寺崎悦子らとつき合う。戦後、昭和二十三年二月脳いっ血で半身が不自由に。同三十一年七十歳の十月、四十年連れ添った菊尾夫人と離婚、辻輝子さんを入籍、自身の戸籍名を耕筰にした。同年十一月の文化勲章受章〝前夜〟の大騒動であった。ＮＨＫテレビ朝の連続ドラマ「エール」の主人公は古関裕而。耕筰の「作曲法」を教科書にしてできた楽譜を送り、師と仰いだが、耕筰の艶話に距離は置いた。

「岡山が私を作り上げる」

山田耕筰とともに学んだ湯浅寿男さんは「頭禿げても浮気は止めぬ……」の狂歌をつづった色紙をもらった人。終生つき合った。湯浅さんは耕筰とよく旭川河畔や操山山麓を散歩し、彼はいつも口笛を吹いていたと周囲に語っている。湯浅さんは近衛騎兵や下関市議をし、新聞記者もした。下関市歌は山田耕筰作詞・作曲であった。湯浅さんはいくつも耕筰との思い出話を持っていた。金川中学の交友会報誌に語っている。昭和三十八年二月発行の「秀芳」8号には「本校有縁の士楽壇耆宿山田耕筰先生を訪ふ」。昭和三十七年九月、湯浅さんは北海道からの帰りに山田邸を訪ねた。「十五日午後に上野着直ちに車を賃して原宿にある先生の許へ、待って居られたがそのお住居は豪華なアパートメントで七階は全部借り切りである。知人の紳士と有色のテレビで外国風景を鑑賞中、満面に嬉色を湛えて歓迎を受け談は壮年時代の関門から依然として青年時代の岡山へと養忠学校へ旭水操山への今昔物語となり」。山田耕筰はその時代、東京・原宿駅前の第一生命アパートの七階四フロアを借りていた。「杯行暫らく例の如く予が小酔仙とならむとする頃夫人帰来その御夫婦の談片を綜合すると飛行機で南の島に土地を求めに行かれた由」。山田耕筰は音楽の村をつくるため八丈島に通っていた。

湯浅さんは昭和三十九年四月に山田耕筰が聖路加国際病院に入院したと聞き、翌月見舞っている。「秀芳」12号では「折から鼻腔に吸入していたがうなづくばかりで物は言わなかった」とさびしい限り。毎年のように正月モチや豆モチを届けていた湯浅さん、山田耕筰の喜ぶ顔がいま一度見たかった。耕筰は岡山時代のけんか相手、岡山中学の校歌を作曲している。同校は大正十三年になって開校五十年を記念して、新校歌をつくろうと山田に曲を依頼する。学校関係者がつけた詩に曲をつけ、山田は岡山市内深柢小での発表会に来ている。山陽新聞の寄稿「岡山と私」の結びで耕筰はいっている。「岡山と私について筆を執ってみると岡山に就いての思い出はあまりにも多く、青春の回想も数々私の眼前を走るのである」「今となってみれば今の私を作り上げる上にどれだけ為になった判らない」。

山田耕筰、その姉恒のみならず母ひさも岡山と結ばれていた。ひさは岡山で生涯を終えていた。ひさは明治三十六年春、大阪・天王寺かいわいで開かれた内国勧業博覧会見物しようと西下。ついでに岡山の恒を訪ねた。恒はひどく顔色の悪いひさを伴い県立病院に行った。現在のルネスホールがある場所。手術できない末期ガンと診断され、そのまま十カ月ほど寝つき、翌年一月に六十歳で亡くなる。神戸在住の耕筰は臨終に間に合った。ひさはいまわの際に耕筰に「好きな道を進んでいいよ」。

関学キャンパスで作曲第一号

養忠学校から神戸の関西学院（かんせいがくいん）に転校した耕筰。ガントレット夫妻は耕筰を岡山から離そうと近距離で目の届くところにある学校を探した。あったそれが関学、同校は医師で米国・南メソジスト監督教会の宣教師ランバスが伝道者の養成とキリスト教主義に基づく教育をめざし創立した。ガントレットと同じ宗派が経営していたのだ。明治二十二年九月開校、神戸東郊の原田の森といわれていたさびしいところにあった。いまは王子動物園になっている一帯。山田耕筰は新しい学校について書いている。自作「若き日の狂詩曲」の「関西学院」の章。「学院はその頃摩耶山麓の斜丘にあった。それは茅渟（ちぬ）の海を眼下に見下す景勝の地で、神学部、高等学部、中学部全部を合わせても僅か百二十人といふふしぎな学校だが、嬉しかったのは、毎日二、三回唱ふ機会の与えられたことでミッションスクールの常として校舎も立派で、ピアノもオルガンもあり、合唱団（グリイ・クラブ）もあった。言ふまでもなく私はグリイ・クラブ、野球部にも加へられた。僅か二ヶ月も経たぬうちに毎朝の礼拝式でオルガンを受持つ事になった。」関学の環境は岡山の延長線上のようであった。耕筰は安堵（あんど）し義兄から貰った音楽の原書を貪るやうに読んだ。楽典はもとより和声学も対位法も、楽式なども一応は眼を通し暇さへあれば講堂（チャペル）でオルガンやピアノを奏いた。

関学グリークラブの後輩に聖路加国際病院の医師、日野原重明がいる。関学―三高―京大と進み、医者になった。耕筰の死の間際まで十五年余主治医をつとめた。日野原さんは著書「95歳からの勇気ある生き方」に「山田耕筰さんの思い出」の章をもうけた。「耕筰氏は音楽学校に進む前神戸市の関西学院中等部で学んでいました。ここは私の母校でもあり、私は氏が創設したグリークラブに所属していました」と記し「旧制中学校を過ごし人間としての私を育んでくれた関西学院もとても大切な母校です。」日野原さんは聖路加国際病院に入院、身動きとれなくなっていた山田耕筰をたびたびのミニコンサートでなぐさめていた。

空の翼／山田耕筰自筆楽譜

山田耕筰

関西学院同窓会史「はばたく自由」より（関西学院同窓会提供）

山田耕筰は中学生向け雑誌「中学生活」（昭和三十一年二月刊）の「若き日の思い出」でも関学の寮、あるいは師と共同生活した宿舎経験を語る。「学院の建物はりっぱで先生の数は生徒の半分、生徒二人に一人の先生がついているというようなその点ではぜいたくな学校でした」「土曜日は朝一時間の学科をおえると全校生が講堂に集まって討論会したものです。その討論会は全部英語です。ほとんど全生徒に番がまわるようにいちいち指示するのでした。」耕筰は後に「山田コウシャク」といわれることしばしばだった。耕筰の名から、時に彼の姿勢が「公爵」のようであり、また「講釈を並べる」のが得意だったため。「今考えてみれば学院の生活は今日の私を作る上に非常に役立ったと思います。」

岡山でまかれた曲づくりの種子は、関学で芽生え、小さな花を咲かせた。「若き日の狂詩曲」中の「関西学院」に具体的に、劇的に、「ある午後英詩集を手にして学院の斜丘の芝生に坐ったままその一々を耽読していた。茅渟の海は夕陽に照り映えて美しくふと唇にある旋律が浮いた。直ぐさま五線を引きそのふしを書きとめた。(ガントレットから洋楽の記語法を教えてもらっていた。)それは十四小節ほどの「my true heart」という合唱曲になった。」耕筰のマネジャーを戦後長くした淵真吉氏は著書「楽聖山田耕筰を囲む人びと」の文中「山田耕筰は歌劇、交響曲、合唱曲、童謡、校歌、社歌など広いジャンルで二千余曲にのぼる作品をつくった」と業績を振り返る。その第一曲は関学キャンパスで誕生した。自筆譜とされるものが遠山音楽財団(現日本近代音楽館)の「山田耕筰文庫」に残されている。だれでも二度、三度と口にしてきた唱歌の「蛍の光」、もとはスコットランド民謡、「ほたるの光窓の雪」から「別れゆく」まで三十小節だ。山田耕筰の第一作はたった十四小節、音符をたどれば讃美歌のようなできだそうだ。キャンパス斜丘で読んでいたのはロングフェローの詩集、その詩に曲をつけたのだろうか。

母の遺言「音楽学校へ」果たす

耕筰はハラを決めた。明治三十七年三月、関学普通学部本科二年終了をもって退学した。姉恒は駄目。が、ガントレットは耕筰の曲づくりの資質を見抜いており、岡山でそれなりの教育をしてきたのでがんばって！と学費を出す。同年一月に没した母ひさの死の床でのことば「音楽をやりたいお前の一心もお母さんはよく判っている」「アメリカへ行って音楽をやりたい本心もちゃんと見抜いている。官立の音楽学校で一応勉強し、その上でどこへでも行くがよかろう」にも励まされた。関学が明治三十七年八月一日に発行した「同年三月本学院普通本科第二学年（中学第三学年相当）修業セシオ証明ス」の証明書を手に同年九月上野の東京音楽学校予科に入学する。よくも音楽専門の学校にもぐり込めたもの。東京音楽学校は東京芸術大学音楽学部の前身、明治二十年に音楽取調掛から洋楽を学ぶ東京音楽学校になっていた。耕筰はそれから昭和四十年十二月の死まで長きにわたり音楽の道を歩む。関学にはきちんとお礼をしている。大正八年十一月には原田の森のキャンパスで凱旋コンサートをした。さらに関学の校歌「空の翼」をつくった。関学は昭和八年に神戸から西宮市上ケ原へ移転したのを機に新校歌をつくった。来阪した山田耕筰に曲づくりを頼む。同氏のアドバイスで北原白秋に詩を書いてもらった。二人はロケハン、同年秋「風に思う空の翼　輝く自由」と歌い出す校歌ができ上がり、今に歌い継がれている。

音楽学校生活は順調、明治三十八年九月、本科声楽科に進む。まだ曲づくりを専門に学ぶコースはなかった。幸田延、柴田（三浦）環、ユンケルら明治の音楽史に名を残す先生に恵まれ、明治四十一年三月卒業する。四月、研究科生になった。同年三月二十九日付の東京日日新聞。「昨日の音楽学校卒業式状況と演奏会」の記事がある。卒業生がそれぞれに成果を披露する。耕筰はシューベルトの菩提樹を独唱、そのあと器楽卒業生とハイドンの曲を弦楽四部合奏したと記事。耕筰はユンケル先生に習ったチェロを弾いた。記事は「ドイツ言葉によりてその音量表情においては批難を加える余地なし」とべたぼめ。

漱石、耕筰〝ご対面〟

研究科では新任のヴェルクマイスターにチェロを集中して教わった。学ぶ傍ら海軍の音楽隊からの委託生に教授、私的な音楽塾の講師をつとめた。片時も忘れてはいない留学するという野望、そのための貯金をしていた。入学時より交わってきた多久寅（おおのひさはる）、大塚淳、川上淳と語らって明治四十二年に入って弦楽四重奏団「多（おおの）クワルテツト」を結成、稼ぎに出た。同年の十一月六日、神田三崎町のバプテスト中央会堂でコンサートを開いた。山田耕筰はゴルターマンの「無伴奏チェロ曲」を独奏、次のプログラム、ベートーベンの「ピアノ三重奏曲」のうちのアレグロのチェロを受け持ち、さらにメンデルスゾーンの「アリア」の独唱と奮闘、アピールした。この山田耕筰を客席からじっと見る人物がいた。夏目漱石であった。漱石と耕筰の〝対面〟だった。漱石は「それから」の新聞連載を終えて満韓旅行をし、帰国したところ。多忙に多忙を重ねていた。そんな漱石がどうしてこの席に。フロックコートを着てそれに三人の幼子を伴っていた。長女筆子十歳、次女恒子八歳、栄子六歳。このような〝半プロ〟の音楽会に家族動員して出掛けるとは、漱石はよほどの音楽通だったか。筆子のピアノの先生がチケットを売り付けた。お付き合いだった。漱石は留学をめざし苦労する山田耕筰の事情をちゃんと聞いていた。十一月九日付のピアノ教師中島六郎宛の手紙。音楽会に行った件を報告する。「……然しもう少し人を呼びたかった様です。……弥次馬を勘定に入れてあの位の入りなんだから、気の毒です。」三人の娘と漱石は弥次馬になって山田耕筰を応援した。客が少なかったと同情した。夏目漱石と山田耕筰が顔を合わせたのは、この日、この席たった一回だったのではないか。

夏目漱石は「草枕」でさらりと書いている。「楽は聴くべきもの。」次男夏目伸六は「父、漱石とその周辺」で「洋楽は少しも解らぬといいながら当時音楽会が催されると必ず出かけて行った様である」と。漱石は学生時代から寄席に通い、長唄、義太夫、俗曲に慣れ親しんだ。謠をし、邦楽への造詣が深かったが実は洋楽通だった。山田耕筰のコンサートの客席に幸田、橘、頼母木等の諸先生が見えましたとピアノ教師への手紙で報告している。音楽プロの顔と名前の識別ができた。長女の筆子も「よく連れていかれた」と奏楽堂（上野）の演奏会の思い出を「夏目漱石の長女」で語っている。近代日本音楽史の権威、滝井敬子さんの調べでは、日記や手紙などから証拠づけられた漱石の洋楽コンサート行きは、10数回以上らしい。漱石の年表を追っていくと明治二十六年十二月十七日の日曜日に斎藤阿具と小屋保治と東京音楽学校の音楽会を聴きに行ったとある。（岩波書店「漱石全集昭和56年版」)。帝大大学院の遊び仲間と一緒。音楽学校奏楽堂、初見参と思う。

漱石に二人の音楽の師

夏目漱石が場数を踏んだのは、二人の音楽の師がいたからだ。一人は寺田寅彦。寅彦は明治二十九年九月から三年間熊本・第五高等学校で漱石から英語を教えてもらった。漱石二十九歳、寅彦十八歳、師は新婚ほやほやだった。五高優等生の寅彦は明治三十一年夏、できない学友の点をもらう役を引き受け漱石宅で話し込む。「俳句に興味あり」と漱石をくすぐり、夏休み中に山ほど句をつくり、漱石の指導を仰ぐ。漱石の口添えで「ホトトギス」にも掲載された。漱石は寅彦と句会をして、帝大に入った寅彦に正岡子規を紹介した。漱石は寅彦の英語と俳句の師だった。寺田寅彦は高知県中のころからオルガンやバイオリンに触っていた。五高では数学と物理の先生、田丸卓郎が上手にバイオリンを寅彦に聞かせた。明治三十一年五月の日記に「財嚢(ざいのう)を敲(たた)ひて金八円八拾銭のバイオリンを買った」と喜ぶ。漱石は物理と数学が図抜け、バイオリンを弾く寅彦を大切にあつかった。

「吾輩は猫である」の理学士水島寒月は寅彦がモデルと周囲はいった。寅彦の句に「寒月に腹鼓打つ狸哉」がある。「猫」の寒月は故郷から乗った船でみやげとカツオ節をバイオリンの袋に入れていたらネズミにバイオリンの胴をかじられた。迷亭がそれを「寒月君、君のヴィオリンはあんまり安いから鼠が馬鹿にして齧るんだよ。もう少しいゝのを奮発して買ふさ。僕が以太利亜から三百年前の古物を取り寄せてやらうか」とからかっている。

漱石と寅彦は熊本から東京に身を移して漱石は明治三十三年九月から二年余ロンドンに国費留学した。漱石はロンドンで〝独学〟する。漱石は宿題「英語研究」は、ケンブリッジやオックスフォードなどに行かず、個人レッスンに頼った。日々、散歩、美術館、劇場めぐり、古書あさり、読書の単独行だった。英文学者の吉田健一は「東西文学論」に於いて、「(漱石は) 一級の人物にほとんど会うこともなく、むしろ避けるようにして英国紳士への不信感、反対をつのらせた」「オックスフォードやケンブリッジには英国の一流の人材が集まっているのに…。」と遺憾に思っている。漱石も明治三十九年十一月四日付の読売新聞の「文学論序」に「倫敦で暮らした る二年は尤も不愉快の二年なり」と吐露している。といいながら日本ではやれないこと、あるいはやらないことを結構やってみた。こもり切りの漱石を心配した下宿の女主人が自転車乗りをすすめた。「自転車日記」として残る。こけては立ち、こけては立ちして挑戦、馬場に侵入してポリスマンに説教くらっている。そのころのロンドンの自転車ブームにちょい乗りした。明治三十四年二月のヴィクトリア女王の葬儀も見に行った。朝九時に下宿を出て一時間掛けてハイドパークに向かい、葬列を二時間待った。大群衆、背丈けが足りない漱石は下宿の親父の背を借り「行列の胸以上」を見た。この体験は「明暗」に変形して出てくる。

ロンドンでの日記では、パントマイムやサーカスを見たことも記す。子規には日記の柔術使と西洋の相撲取の勝負を見にいったと長文を出している。アデリーナ・パッティのコンサートにも出掛けた。事前から興奮し寺田寅彦に手紙を書いた。明治三十四年十一月二十日付。「明日の晩は当地で有名な Patty と云う女の歌をアルバート・ホールへきゝに行く積り小生に音楽杯はちとも分らんが話の種故此高名なうたひ手の妙音一寸と拝聴し様と思ふ。」自慢げである。実はこの手紙は寅彦の病気見舞いで書いたのだが本題はそっちのけになっている。イタリア出身のアデリーナ・パッティはソプラノ歌手として各種音楽辞典に名が載る。長い現役生活、漱石が聴いたころはすでに六十歳近くだったが、舞台に上がっていた。パッティは「埴生の宿」や「故郷の空」の原曲を披露した。漱石にとって何よりのロンドンみやげになった。その日から十五年後、大正四年六月、夏目漱石は帝国劇場で武者小路実篤の戯曲「わしも知らない」上演につき合い、場内で実篤の兄の武者小路公共と話した。ロンドンタイムズの切り抜きをもらう。ロイヤル・アルバート・ホールでの三浦環とアデリーナ・パッティの共演記事だった。パッティさんはまだ現役だった。

〝楽は聴くべきもの〟の体験は十二分だった漱石の英国留学。明治三十六年一月、帰国した。三月、本郷の千駄木に住み出す。寅彦が待ちかまえていた。新橋に出迎え、翌日には鏡子夫人の実家にころがり込んでいた漱石を訪ねている。荷ほどきするのを手伝い、あちらの美術館の絵はがきをもらった。やがて漱石が「千駄木へ居を定められてからは、又、昔のやうに三日にあげず遊びに行った。今日は忙がしいから帰れと云はれても、何とか、かとか勝手な事を云っては横着し居すわって、先生の仕事をしている傍でスチューディオの絵をみたりしていた」（夏目漱石先生の追憶）。コンサートにも誘った。漱石は断らなかった。

その様子は漱石の作品に再現されている。明治四十年一月「ホトトギス」に発表の「野分」。慈善音楽会の切符を二枚買わされた中野君が動物園前で会った失業文学士の高柳君を強引に誘う。二人で行く。「もう時間だ。始まるよ」と活版に刷った曲目を見ながら云ふ。「さふか」と高柳君。このシーンは明治三十八年十月に漱石が寅彦と行った上野の東京音楽学校での体験を下地にしている。寺田寅彦も留学し、ベルリン大学へ。明治四十二年。ベルリンの王立劇場でワーグナーのオペラを観て漱石に絵葉を書いた。明治四十二年七月五日付。「昨夕、ローヘングリンを見聞に出かけました。例のウーバーチュアのガヂヤンで少し可笑しくなりました……。」何のことか理解できない。寅彦と漱石が明治三十八年十月二十九日、東京音楽学校の奏楽堂で聴いたワーグナーのローエングリンの幕開き曲「ウーバーチュア」のシンバル。強烈な音に二人は仰天した。寅彦はそれを思い出し、にやっとし、漱石に便りしたのだ。漱石と寅彦の仲よしは果てしがない。

寅彦、中島六郎が「ピヤノ買え」

いまひとり漱石を音楽でゆさぶったのが中島六郎。明治四十二年六月から五カ月にわたり朝日新聞に連載された「それから」。主人公の代助は三十歳になろうとするのにぶらぶらとし頼りは実業界で成功する父と兄。

定期的に兄の家に無心に行く。兄には縫（ぬい）という娘がいる。「近頃はヴィオリンの稽古に行く。習って来ると、鋸の目立ての様な声を出して御浚ひをする。」娘は漱石の長女、筆子と重なる。筆子は明治三十二年五月の生まれ。「安々と海鼠の如き子を生めり」と漱石は喜んだ。筆子は明治四十一年十月からバイオリンを習っていた。「それから」を書く準備を始めたころの筆子のレベルは「鋸の目立ての様な声を出して御浚ひをする」だった。バイオリンの先生は中島六郎だった。筆子はバイオリンから入ってピアノを長く習った。夏目漱石は中島に公私ともに世話になった。後年に不幸な〝別れ〟をするのだが…。

　中島は長野県諏訪で明治七年の生まれ。漱石より七つ下、山田耕筰とは東京音楽学校で声楽を学んだ先輩、後輩の間柄。漱石の命により〝子守役〟の小宮豊隆が筆子を連れて市ヶ谷の中島の音楽教習所「澄月会」を訪ねた時、中島は三十四歳、音楽学校出、クリスチャン、ロシア正教会の聖歌隊でアカペラを得意とする先生で評判だった。教会のはからいで音楽学校の選科生になり、明治三十六年に卒業した。音楽通の寺田寅彦は明治三十六年三月、帝大の師、ケーベル先生に入場券をもらって中島六郎の卒業記念の音楽学校学友会の演奏会に行っている。中島のロシア正教会の聖歌とシューマンの「亡き友を憶ふ」を独唱した。寺田は明治四十一年一月、中島六郎主催の澄月会音楽会にも顔を出している。帝大理科大後輩の田辺尚雄からチケットをもらった。田辺は寺田と一緒で理系に学びながらバイオリンも習っていた。明治三十六年四月から同四十二年七月まで音楽学校の選科生だった。中島の後輩になる。中島は澄月会のバイオリン教師に田辺を迎えていた。筆子が中島の音楽教室を選んだのは、寺田寅彦の助言があって漱石が納得したのではないだろうか。筆子はしばらくは、「それから」に書かれているように「室を締めきつてきいきい云はせるのだから、親は可なり上手だと思っている」の猛練習だった。

　明治四十二年三月からドイツ留学した寺田寅彦は、手元のオルガンを漱石邸に預けた。このオルガンを筆子が独占する。同年三月二十三日の漱石の日記。「昨日寺田から留守中預かったオルガンを子供がしきりに鳴らす。筆は少々出来る様也。」筆子の興味はバイオリンから鍵盤楽器に移った。中島が頻繁に漱石邸に出入りするようになった。明治四十二年五月九日の漱石日記。「日暮散歩から帰ると中島さんが来てゐた。中島さんは音楽家で筆子の先生である。髪を長く、ちゞらかして丸で西洋の音楽者の様である。大きな声で快談をやる男であった。金なくって困ってゐるそうだ。是は芸術を神聖化し過ぎるから起る貧乏症らしい。」漱石は気に入ったようだが、この金がなくて困ってゐるがくせものだった。同年五月二十九日の日記に「細君小供音楽会へ行く」とある。中島がらみの音楽会のチケットを買わされたと思う。

明治四十二年六月、漱石の家に大きな家具が入った。六月二十一日の日記。「とうとうピヤノを買ふ事を承諾せざるを得ん事になった。代価四百円。『三四郎』初版二千部の印税を以て之に充つる計画を細君より申出づ。いや〳〵ながら宜しいと云ふ。子供がピヤノを弾いたって面白味もなにも分りやしないが、何しろ中島先生が無闇に買はせたがるんだから仕方がない。」六月三十日運び込まれた。牛込区早稲田南町（現新宿区）の漱石の家は、家賃三十五円の借家。七間の平屋、明治四十年九月に転居してきた当初は「がらんのような家」と漱石は思ったが七つの部屋のうちの二間は漱石が使う。残りを鏡子夫人、子供六人、お手伝いさんで使い分けるのだから狭い。ここへピアノが。玄関の三畳の間、奥が八畳。筆子、恒子ら四人の娘の部屋。それへピアノがどかんと入った。ピアノは名家の必需品の一つだった。森鷗外は前年八月に長女茉莉（まり）のために買っている。中島から情報は入っていただろう。バイオリンからピアノ練習に実が入りだした筆子、「ピアノがなくては、おさらいができないでしょう」とも。中島はマージンが目当て。かねてから寺田寅彦もピアノ購入をすすめていた。漱石は前年九月から百十七回にわたり、朝日新聞に「三四郎」を書いた。地方の学生にも読まれることを期待、明治四十二年五月、春陽堂から本にした。菊判、一円三十銭。初版は五月十三日に二千部。完売、六月二十九日千四百部再版。春陽堂と交わした覚書によれば初版印税は一割五分、再版は二割。初版二千部の売上高を単純計算すれば二千六百円、印税三百九十円か、ピアノが買えた。朝日新聞社専属作家、社員の漱石、サラリーはあるが稿料はない。新聞掲載の小説をすぐ本にし、印税で稼いだ。「猫」の印税では外とうを買い、四女の出産費用にした。結構な印税を要求して本屋泣かせとかげ口をたたかれた。同年五月十七日の日記は「三四郎出づ。検印二千部。」漱石家で買ったピアノは国産、ドイツやイギリスなどの外国製品は四百円以上でなければ買えなかった。西原稔著「ピアノの誕生」には、三百円から四百円のピアノは安物とある。漱石は小説の中で寺田寅彦のバイオリンを笑ったが、漱石もとりあえずは国産にした。日本楽器と西川楽器が雄を争っていた。

耕筰留学に漱石加勢

山田耕筰の一念岩をもとおす。彼のドイツ留学の面倒をみようという人物が現れた。明治四十三年三月四日付で夏目漱石は、ドイツベルリン大に学ぶ寺田寅彦に手紙を書いた。冒頭「今度音楽家で山田といふ人が岩崎の金で伯林へ留学する。幸田の所をたよる由。此人の友人で筆の先生の中島さんから君へも序に頼んでくれといふから一寸御報告する。何かの機会もあつたら世話をしてやってくれ玉へ。」この手紙は近世の日本音楽史をたどる際には貴重な資料になるのではないか。中島六郎先生は山田耕筰の音楽会に大作家漱石を行かせ、なお山田の留学のお手伝いまでさせていた。漱石の手紙は感情を抑制し、とぼけた味になっている。「今度音楽家で山田といふ人」とは、山田耕筰のこと、耕筰はこの年二月東京から敦賀港へ出てシベリア鉄道を利用してあこがれの地へ向かっていた。「山田といふ人」と距離を置いて寅彦に語りかけているが、漱石にとっても寅彦にとっても山田耕筰は旧知の人。「例のそちらへ行きたいといっていた山田が……」と書くところではないか。どうして突き離したことば使いにしたのか。漱石は次の「岩崎の金で」という事実に引っ掛かっていた。「岩崎」とは、岩崎財閥の岩崎小弥太。三菱合資の副社長をしていた。彼が山田耕筰のスポンサーになった。岩崎家は明治維新後に弥太郎、弥之助、久弥、小弥太とリレーして財を積んだ。漱石は金持ちが嫌いだった。書いた小説にはちくりちくりと悪口。そんな岩崎のカネで山田が留学する。山田には留学できておめでとうと拍手したいが、カネの出所は気に入らぬ。複雑な心境。で、ここは事実、依頼されたことのみ寺田に書き送った。「幸田の所をたよる由。」この幸田は幸田露伴の妹。東京音楽学校の教授。学校を休職してドイツに学んでいた幸田延のこと。山田耕筰の音楽学校の師、二人には艶聞もあった。明治四十一年三月に漱石と寅彦はつれだって東京音楽学校のコンサートに行き、幸田延のビオラをたんのうしている。それ以前にも二人は幸田延、幸姉妹のバイオリンを聴いていた。読み込めば読み込むほど興味がわいてくる手紙ではある。そのころの漱石は中島六郎には頭があがらなかった。かわいい長女、次女らのピアノの先生、出げいこで漱石邸に来れば漱石に音楽の最新情報を伝え、うんちくを傾ける。漱石と寅彦が頻繁にやりとりしているのも承知し、序に頼んでくれといわれ応じた。寺田寅彦はこの手紙を読んでどのように動いたのであろうか。山田耕筰にとってドイツ留学は音楽家として大成する決め手になった。漱石はその後押しをしていた。

山田耕筰と岩崎小弥太の仲をとりもったのは、チェロ奏者のヴェルクマイスターというドイツ人だった。ヴェルクマイスターは、東京音楽学校で作曲法やチェロ、バイオリン演奏法を指導していた。音楽学校の研究科に進んだ山田耕筰はこの若い教授から本格的に曲づくりを学び、チェロの指導を受けていた。岩崎小弥太もヴェルクマイスターにチェロのプライベートレッスンを受けていた。三代目の岩崎久弥を助け、副社長の肩書で家業に励みながら友人とチェロ合奏会までしていた。すでに男爵位を受け継いでいた。山田耕筰が正面から会える人物ではなかった。小弥太は五年余のイギリス留学をしており、ピアノも弾き、西洋音楽に強い関心を持っていた。山田と会ったころ岩崎小弥太はまだ三十一歳の青年であった。ヴェルクマイスター教授から岩崎に会えといわれた山田耕筰はしばらくぽかんと口を開けていたろう。山田耕筰が品川八ツ山の高台にある屋敷を訪れたのは明治四十三年に入って間もなく。品川の入り口、海にのぞむ岩崎邸は、父弥之助がコンドルに依頼してつくり上げた代物。品川では毛利邸と覇を競った。「岩崎男爵邸を半信半疑の思いで訪ねた」と耕筰は随筆に吐露する。まず門を入ってから玄関口までの長さ、遠さにびっくりする。二丁はあったろうかと記す。二百メートル余になろうか。途中グレートデンが五、六匹群をなし、耕筰はたじろぐ。豪華なサロンに通され、恐縮しているところへ「容貌魁偉、肥満の大男」が出てくる。「香り高い葉巻の紫煙を吐く。」耕筰の「胸底」に描かれていた富豪像と違っていた。「私の富豪に対する反感は全く骨抜きにされてしまった。」（若き日の狂詩曲）

留学スポンサーは岩崎財閥

岩崎からカネを引き出すに山田耕筰は、懸命の訴え。自分の生いたち、幸田延との噂、あらいざらいしゃべった。これにおおらか、岩崎小弥太は「私の出来ることは何でもします。国家のために成功して下さい。」それによって「重大な責務を負わせる意味はありません。安心して勉強してください。」月２５０マルクの支援。ドイツ行きが決まった。三井・住友と並ぶ三大財閥の一つ、三菱財閥は後発財閥ながら明治政府の政策に歩調を合わせて運輸、鉱山、造船、干拓、市街地開発と手を広げ、岡山県内でも明治六年の払い下げから吉岡銅山で大きな利益を出し、元岡山県令高崎五六の要請に従い、明治十九年ころから明治三十年代半ばまで児島湾干拓事業にも参加していた。高収益を背景に湯島、下谷茅町、駿河台、芝高輪、市ヶ谷などに一族の邸宅、別荘を建設「明治末年までに一族が所有する土地（宅地）は二十二万坪にのぼった」という調べもある。（三菱財閥史、三島康雄著。）一人の書生の留学の世話をするくらいはたやすいものだった。

山田耕筰は岩崎の厚意に大喜び。「反感は全く骨抜きにされてしまった」が、漱石はその逆であった。漱石は日ごろ岩崎、岩崎小弥太男爵の名を耳にすれば血が騒いだ。「野分」では道也先生の大演説があるが中で「岩崎は別荘を立て連らねる事に於て天下の学者を圧倒してゐるかも知れんが、社会、人生の問題に関しては小児と一般である。十万坪の別荘を市の東西南北に建てたから天下の学者を凹ましたと思ふのは凌雲閣を作ったから仙人が恐れ入つたらうと考へる様なものだ……」とぶっている。道也演説は漱石の本心だ。漱石は重ねていうが金持ちと権力者に厳しい人だった。角を立てた。「野分」構想段階の明治三十九年のメモ（手帳）にも「十万坪の別荘をハツ山に建てたから天下の学者を凹ましたと思ふのは凌雲閣を作ったから仙人を恐れ入らしたと考へる様なものだ」と記す。山田耕筰が訪れたのは、この八ツ山の邸だった。

漱石は岩崎小弥太には別の劣等感を持っていた。漱石は明治三十三年にイギリスに留学した。その時小弥太も同国に滞在していた。漱石がうつうつと下宿で書籍を読んでいたのとは対照的に小弥太はイギリスの上流社会の空気を満喫していた。やがて三菱、岩崎財閥の総帥になる身、世界最先進国の学術や思想の吸収にどん欲だった。小弥太はケンブリッジ大学に五年間席を置く。自由、個性、人格、教養を兼ね備えたジェントルマンをめざした。あらためて寺田寅彦宛の書簡を読んでみる。「今度音楽家で山田といふ人が岩崎の金で伯林へ留学する。幸田の所をたよる由」は、こわい文面である。東京、上野の不忍池から近い台東区池之端に残る旧岩崎邸。無縁坂に沿って建つ。岩崎弥太郎の長男、第三代社長をした岩崎久弥の本邸だった。これも鹿鳴館や上野博物館を設計したイギリス人、コンドルの作品。明治二十四年に完成、約一万五千坪の敷地に二十の建物があった。現在は敷地は三分の一になり、木造二階、地下室の洋館、家族が暮らした和室、ビリヤード室の三棟のみだがいずれも国の重要文化財指定となり、大名庭園（越後・榊原家）を踏襲する芝庭に往時がしのばれる。正面入ってレンガ塀を見つつ洋館までたっぷり五十メートルはあろう。こんなのを東京市内にいくつも建てられたら「野分」の道也先生や高柳君ならずとも「塀に頭をぶつけ、壊してやりたくなる」だろう。

ばたばたと出発の準備をし、同年二月、山田耕筰は東京をたった。ベルリン着は三月二十日。シベリア鉄道でのモスクワ入り、直前三月十七日付で耕筰は芦屋市に住む関西学院の学友・江見恒三郎に高揚する気持ち、喜びを絵葉書で送っている。ベルリンの行き先は師、ヴェルクマイスターが習ったベルリン王立アカデミー高等音楽学院作曲科だ。ヴォルフ教授に師事した。ヴォルフはヴェルクマイスターを教えていた人。寺田寅彦は漱石の指示にきわめて忠実、無視はしない。山田耕筰と接触したに違いない。山田の日々の頼み事にも力を貸したと思う。曲づくりの基礎をヴォルフにたたき込まれ、二つの卒業作品、交響曲と合唱曲を生み、大正二年十二月帰国の途に就き、年末ぎりぎりに下関着、岡山から山口高商学校に異動していたガントレット夫婦と再会、同三年一月東京着。

逃した音楽会での再会

山田耕筰の帰国を喜んだのは、岩崎小弥太とヴェルクマイスターだった。岩崎小弥太は山田耕筰の留学成果を世に問う機会を設けた。大正三年十二月、岩崎が主宰する東京フィルハーモニー会の定期演奏会で山田はドイツでつくった交響曲「かちどきと平和」を自身の指揮で披露した。東京フィルハーモニー会の管弦楽部の常任指揮者にも就任した。山田耕筰は昭和四十年十二月の死まで半世紀にわたって多くの作品を生み出し、わが国で最も知られる音楽家になった。山田耕筰と夏目漱石の接点は、明治四十二年十一月の耕筰チェロ演奏と翌年三月の寺田宛手紙、これっきりだったのか。ワンチャンスあった。大正三年十一月、長谷川時雨と六世尾上菊五郎が結成した狂言座の公演があった。夏目漱石は両人の頼みで賛同者会員に顔を出した。狂言座の二回目(一月に一回目)公演。漱石にも誘いがあったそう。演目の一つ木下杢太郎の「新楽劇南蛮寺門前」は山田耕筰が曲をつけた。指揮もすることになって話題になった。漱石は行かなかった。逃(のが)した。山田耕筰がドイツでどれほど勉強して帰ったのだろうか、その目、その耳で確かめてやろうとは思わなかったのか。

夏目漱石と音楽の師、寺田、中島両氏との別れもあっけないものであった。中島は漱石の娘を教えているのを誇りにし、利用した。これまでにその一端を書いてきたが、時には中島自身の「不味い」(「文芸と道徳」の中での表現）歌も聞きに行っており（明治四十四年春、愛音会）、しかも最前列の席を割り振られ、中島主宰の音楽会の広告塔にもなっている。漱石が一時期中島のいいなりになったのはもうひとつの事情があった。明治四十二年十一月、東京朝日新聞は三面に「文芸欄」を新設する。漱石の提案、小説、絵画や音楽評論なんでもありにした。漱石は門下生ともいうべき寺田寅彦や森田草平、小宮豊隆、阿部次郎らの作品発表の場にもしてやろうと考えた。むろん漱石の書いた小品も。はじめたのはよいが、手が回らなくなる。身近の森田、小宮、東新らに執筆者さがし、依頼、原稿回収、編集、出稿の作業を委ねた。音楽関連の原稿は、乙骨三郎や中島六郎に頼ると勝手に決めていた。しかし、乙骨は音楽学校の先生になって文芸欄には書けず、頼みは中島六郎だけになった。文芸欄の創設は十一月二十五日の紙面から。その日、漱石は中島に礼状を書いていた。森田草平が使者になってたびたび中島に出稿をうながしており、その第一使が届いたのである。初稿は十一月二十八日日曜日に掲載された。「雨中の演奏会」の見出し。ペンネームは「長耳生」だ。中島六郎は批評はできてもそれをまとめて、文にするのが苦手、まるで書けなかった。ほとんどを毎回、森田や小宮、東らが本人の語るのを原稿にした。森田草平は「夏目漱石」の文中で「音楽についてなんの知識も持たない私が書くのだからその問には聞き違いもあるし、いろんなまちがいを生ずる。中島からも主旨が違う、重点の置きどころが意に充たないと抗議してくる。」原稿を中島に見せる暇がなかったようだ。明治四十四年二月、漱石が長与病院の世話になっている時に投稿された長耳生の文中に「（柴田環のアベマリアの独唱を）雀羅孟求を囀るに似たり」とあった。新聞を病床で読み漱石は激怒した。「雀羅とは雀を捕る網の事なるべし。アミが囀るのか。不可思議。また孟求といふもの見る事なし。蒙求の誤なり。」「漱石」という号は蒙求からとった。その蒙求を孟求とは。原稿まとめた森田草平をしかり飛ばした。漱石はドイツにいた寺田寅彦にも原稿を書かせた。「文芸欄」は明治四十四年十二月十二日でやめてしまった。降参した。中島は同年六月まで〝出稿〟している。

漱石は大正五年六月、中島六郎と〝けんか別れ〟をする。漱石から縁を切った。同月十四日漱石は中島六郎に手紙を書いた。漱石は冷静になろうと、慎重であろうとしている、だが一字、一字から怒りが匂う。書き出しは「拝啓。長い御手紙で御譴責を蒙りまして恐縮の至であります。あれを拝見すると私が貴下に対し申し訳のない陋劣な所業でも致したやうに感ぜられますが、私はそれを意外と存じます。又遺憾に存じます。何となれば私には一向其理由が解らんからであります。」娘筆子らのピアノの師、中島が漱石に向けて抗議の手紙を出した返事のようだ。手紙はやがて「貴下はあの手紙によって悪意のない貴下の既往のお弟子と其父兄とが貴下に対して表しやうとする感謝の念を如何なる方法によっても発表する事が出来ないやうにしてしまったのだとお認めにならん事を希望致します」と。中島のどう喝めいた手紙の無礼を問題にし、「娘は此月からもうピヤノの御教授を貴下から受けない事になりました。」漱石は中島との持ちつ持たれつの関係を断った。何がトラブルの原因になったのか。手紙の最後は「お手紙中にある他の事項に関しては何も申し上げる必要を認めません。」中島はいくつもいくつも漱石家の非をなじったに違いない。「漱石研究年表」（集英社版）で荒正人さんは、「筆にピアノを教えていたが、他人との話などに集中すると教えなくなることもあるので別の教師に変えたことに対し腹を立て、激しい攻撃の手紙を寄越したので……」と記す。中島はかねてから自分の音楽塾の音楽会に夏目筆子を出そうとしていた。漱石はそこで自分の名が利用され、かつ筆子のピアノの技が笑いものにされないか気にしていた。それが漱石の中島外しの原因ではと思う。漱石死の半年前の後味悪い出来事となった。

寅彦、漱石長男の音楽を「見る」

夏目漱石を知りたいなら、寺田寅彦の残された日記を読め、といわれるくらい親密なつき合いをしていた二人だがプツンと切れた。大正五年、十二月九日夕刻、漱石は四十九歳十カ月の生涯を終えた。枕元には木曜会の門下生がつめかけていた。その中に寅彦はいなかった。その年彼は三十八歳の若さで東京帝大の教授になっていた。十二月に入って胃潰瘍でうんうんいっており、死に目にあえなかった。葬儀にも出られず、寛子夫人が出席した。友人の物理学者桑木彧雄に出した手紙に無念さが残る。「もう何処へも遊びに行く処がなくなりました。小弟の廿十歳頃から今日迄の廿十年間の生涯から夏目先生を引き去ったと考へると残つたものは木か石かのやうな者になるやうに思ひます」と書いた。ひとりで行く音楽会、「行春の音楽会の帰るさに神田牛込そぞろ歩きぬ」と詠んでいる。寺田寅彦によって研ぎ澄まされた漱石の聴覚は長男、夏目純一に受け継がれている。純一は十歳で父を失った。カネは母鏡子さんがいいなりに送った。暁星中学を卒業し、大正十五年十九歳になろうとするころヨーロッパに向かった。ベルリン、ウィーン、ブタペストと点々とし、第二次世界大戦のぼっ発の直前、昭和十四年にいやいやながら帰国した。純一の長男、漱石の孫、夏目房之介さんは「漱石の孫」に「(純一の)最終学歴はブタペスト音楽院というところであった。……あまりに浮世ばなれした学歴、何だか奇妙な気分になったのをおぼえている」と正直。漱石の作品に何度も登場する高等遊民のような暮らしだった。父漱石より大物である。バイオリンで東京フィルハーモニー交響楽団の初代コンサートマスターをつとめている。昭和二十七年の東フィルの財団化に骨を折り、コンマスの傍ら堀内敬三、青島俊夫らと理事をつとめた。東フィルの顧問には、山田耕筰や小宮豊隆の名があった。昭和三十六年舞台から退き、平成十一年二月、九十一歳の大往生だった。音楽家の下地をつくってやったのは、寺田寅彦であった。大正十三年十二月九日の日記に「九日会出会。純一君も出席、同君のヴィオリンを見る。」漱石をしのぶ会、九日会に出て、ついでにサポートしてやったのであろう。寺田寅彦は晩年(昭和十年十二月没)までチェロとバイオリンの師についていた。時には歌っても居た。山田耕筰が明治四十一年三月の卒業記念音楽会で披露した菩提樹が寅彦の持ち歌の一つだった。が、いずれもひとり舞台、シューベルトを歌う寅彦を〝茶化す〟漱石はいなかった。

漱石と耕筰のめぐり合いに驚きを隠せない、そこまでの行程にこんなにもたくさんの人物がからみ合う事実にもうなる。

コラム　もしかして…

明治二十五年七月に岡山に来ていた漱石、山田耕筰は義兄ガントレットの六高赴任に連れ添うかたちで明治三十三年秋以降の来岡と思われ、岡山で会うことはなかった。が、「もしかして」。漱石が残すメモが気になる。

明治三十三年七月、熊本の第五高等学校の教師だった漱石は国費によるロンドン留学のため東京に帰る。七月十八日か翌日のことらしい。漱石、鏡子夫人、長女筆子さんの漱石一家を支え同行したのは、五高で学び、漱石の家で書生をしていた岡山市出身の湯浅廉孫。一行は熊本から門司に出て、門司から徳山まで汽船、徳山で三田尻発の山陽鉄道に乗り換え、東京をめざした。大旅行。その旅の途中の経費のメモが東北大学付属図書館の「漱石文庫」で見つかっている。漱石が使った十五冊の手帳のうちの明治三十三年用に、この手帳は留学に必要な生活用品の覚えも入念に記している。下剤、創剤、虫下剤、宝丹などの薬、梅ボシ、福神漬の字も読める。日本手拭二三本・フンドシ・冬股引・夏モモヒキ、ネマキプジャマ三・縮メン帯一ときりがない。その記載の前頁に「もしかして」を期待させる記入。横書・東京に帰る途中の出費を支出ごとに十七行。

汽車代26・94、弁当代45茶代1・00博多宿料3・20門司茶代1・00荷物持10船中弁当1・50等々。メモの後半に岡山茶代2・00、岡山宿料5・76、岡山下女50、車代20とある。博多に続き、岡山で泊まったことになる。宿代は博多よりもかなり高額、宿のスタッフに心づかいし、移動に人力車を利用している。子規も泊まった自由軒を利用したのか、三好野か。出発日から逆算して七月十九日か二十日に岡山に泊まった。山田耕筰とガントレットが同年九月の六高開校に備え、用意周到に早くに，七月に岡山に来ていたなら身重の鏡子夫人につき添い、幼子を抱く漱石とすれ違ったかもしれないのである。

参考文献

『漱石全集』二十八巻、別巻一、岩波書店　一九九三〜一九九九年
『山田耕筰全集』三巻　岩波書店　二〇〇一年
浜田栄夫『門田界隈の道』吉備人出版　二〇一二年
滝井敬子『夏目漱石とクラシック音楽』毎日新聞出版　二〇一八年
三島康雄『三菱財閥史』（明治編）（大正・昭和編）教育社　一九七八〜一九七九年
淵眞吉『楽聖山田耕筰を囲む人びと』赤とんぼの会　一九九六年
丘山万里子『からたちの道』深夜叢書社　二〇〇二年
後藤暢子『作るのではなく生む山田耕筰』ミネルヴァ書房　二〇一四年
ガントレット恒『七十七年の思ひ出』大空社　一九八九年
岩崎小弥太伝編纂委員会編『岩崎小弥太伝』岩崎小弥太伝編纂委員会　一九五七年
志村史夫『漱石と寅彦、落椿の師弟』牧野出版　二〇〇八年
村田由美『漱石がいた熊本』風間書房　二〇一九年
岡長平『ぼっこう横町（ぼっこう横丁）—岡山・聞いたり見たり』夕刊新聞社　一九七七年
岸本文人『『音楽界の先覚者』山田耕筰の生涯』二〇一三年
岡山大学附属図書館編『絵図で歩く岡山城下町』吉備人出版　二〇〇九年
『岡山県立金川高校１２０周年記念誌』
『金川町史』一九五七年刊
『岡山市史（宗教教育編）』一九六八年
『思想　寺田寅彦追悼號』岩波書店　一九三六年

文中登場人物の生涯

山田耕筰	明治19年～昭和40年 （1886）（1965）
山田　恒	明治6年～昭和28年 （1873）（1953）
エドワード・ガントレット	1868年 ～ 1956年 （明治元）（昭和31）
神田乃武	安政4年～大正12年 （1857）（1923）
中島六郎	明治7年～昭和18年 （1874）（1943）
夏目漱石	慶応3年～大正5年 （1867）（1916）
夏目鏡子	明治10年～昭和38年 （1877）（1963）
夏目筆子	明治32年～昭和56年 （1899）（1986）
夏目純一	明治40年～平成11年 （1907）（1999）
寺田寅彦	明治11年～昭和10年 （1878）（1935）
岩崎小弥太	明治12年～昭和20年 （1879）（1945）
日野原重明	明治44年～平成29年 （1911）（2017）
森田草平	明治14年～昭和24年 （1881）（1949）
小宮豊隆	明治17年～昭和41年 （1884）（1965）

司馬遼太郎の誤解と津山市出身・元首相平沼騏一郎
―『街道をゆく四』の事実誤認―

赤井克己

NHK大河ドラマ「麒麟がくる」を見ていた時、ふと古い記憶がよみがえった。国民的人気作家・司馬遼太郎（1923〜1996）は長編歴史紀行『街道をゆく四』で明智光秀の居城跡がある丹波・亀岡市の篠山街道を通過した際、津山市出身、総理大臣を務めた平沼騏一郎（1867〜1952）が検事総長時代、大本教を大弾圧したと誤解し、口を極めて酷評していることだ。

司馬は博識、徹底取材で知られる「知の巨人」、文化勲章受章者でもある。だが国家による2度の大本教弾圧を混同して論考が支離滅裂なのに、40数年間も地元は全く気づかず、訂正されることなく現在に至っている。岡山人としては、平沼元首相が間違った事実で長年読み続けられているのは残念に思い、出版元の朝日新聞出版（東京・築地）に今年（2020）3月末見

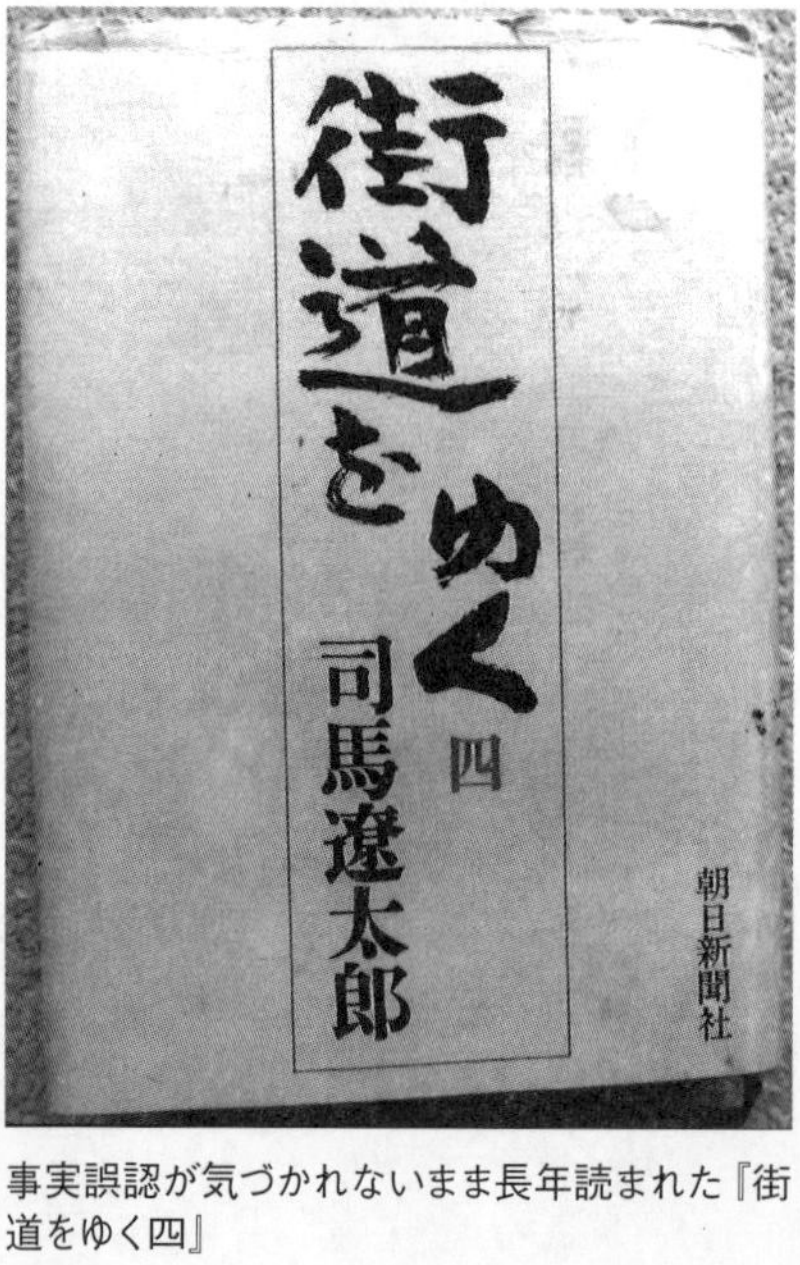

事実誤認が気づかれないまま長年読まれた『街道をゆく四』

解を問いただした。同社も初めて気づいたようで、事実誤認の部分30数行を削除した朝日文庫改定版を7月末ごろに出版するという新聞社らしいスピーディな回答があった。

◆「丹波篠山街道」の項に間違い

『街道をゆく四』はサブタイトルが「郡上・白川街道、堺・紀州街道ほか」。このなかに問題の「丹波篠山街道」も収録されている。司馬は京都府・長岡京跡から夕方タクシーに乗り、夜半同亀岡市の老ノ坂を越えるとき、天正10（1582）年6月初めこの坂を東に越え本能寺を目指した光秀の心境に触れる。

次いで司馬は突然、光秀居城の亀山城跡（亀山市）を購入し、神殿風建築を造ろうとした大本教主補・出口王仁三郎（1871～1948　教主の娘婿）を登場させる。大本教は明治後半、京都・綾部町（当時）で開教、大正期にはいると、王仁三郎らの活躍で陸海軍幹部を含む多数の信者を獲得。また綾部の神殿風建築に続いて亀山城跡の購入や大阪の日刊新聞社買収など活動が活発化。国家にとって危険団体と見なされ、政府は大正10（1921）年2月、昭和10（1935）年12月の2回、同教を弾圧した。

検事総長時代の平沼がかかわったとされるのは大正10（1921）年2月の第1次弾圧。王仁三郎ら幹部数人を検挙、不敬罪や新聞紙法違反などで起訴したが、大正天皇崩御もあって不起訴になり、権力の監視下、神殿風建築の破壊を命じられた程度で終わった。

司馬はこの大正10年2月の第1次弾圧と、治安維持法違反を適用し歴史に残る大弾圧となった昭和10年12月の第2次弾圧を混同、寄稿1回分が支離滅裂、意味不明のおかしな論考になっているが、だれも指摘しなかっ

第35代総理大臣・平沼騏一郎
（山陽新聞社提供）

たようだ。司馬によると、第2次弾圧の逮捕者は34府県にまたがり数千人に及ぶという大事件。不敬罪、治安維持法違反などで62人を起訴したが、「罪状はほとんど拷問によってでっちあげられた」とも推測する。

司馬はこの第2次弾圧をなぜか平沼が検事総長時代に行ったと勘違いしている。第2次当時、平沼は思想団体・国本社の社長（後述）で、弾圧には関係のない立場だった。従って司馬の言う「検事総長個人の思想的判断で断行した」「どれほど無能な人物でも権力さえにぎれば弾圧は出来る」という平沼個人の批判は全く的外れ、司馬にしては珍しい事実誤認である。

『街道をゆく』は「週刊朝日」の昭和46（1971）年1月1日号からスタート、司馬死去後最後の寄稿になった平成8（1996）年3月13日号まで25年間1147回同誌に連載された。風土、文化と人々のかかわりを国内だけでなく海外にも広く取材、司馬独自の歴史観に基づいた斬新な視点と切り口は好評、同社から逐次四六判の単行本として出版され43巻まで続いた。近年は「朝日文庫」として各巻すべて版を重ねている。

平沼は岡山県出身3人の首相の一人、犬養毅の劇的な最期に比べ、首相就任後わずか7ヵ月で辞任。「欧州の天地は複雑怪奇なる新情勢が生じた」という〝珍声明〟（司馬の表現）を残して「逃げるように内閣を投げ出した」「自己の無能を理由に内閣を投げ出したのは日本憲政史上絶無」と司馬は厳しい。

戦前の大審院長、衆院議長の地位は、現在より低かったといわれるが、平沼は最高裁長官に匹敵する大審院長を務めた後首相に就任、三権の長のうち二権の長を歴任した。その業績はもっと正しく理解されてもよいのではないか。参考までに戦前二権の長を務めたのは伊藤博文と近衛文麿、いずれも首相と貴族院議長に就任。戦後は幣原喜重郎だけである。

◆司法官僚として優秀だった平沼騏一郎

『岡山県歴史人物事典』（山陽新聞社刊）や、最近平沼研究で脚光を浴びている新進の学者萩原淳氏（１９８７〜）の大作『平沼騏一郎と近代日本』（京都大学学術出版会）などを参考に平沼の生涯をたどって見よう。

平沼は慶応3（１８６７）年9月、津山藩士・平沼晋（すすむ）の二男として津山城下に生まれた。4歳の時父の仕事の関係で上京、津山出身、洋学者箕作秋坪（みつくりしゅうへい）（１８２５〜１８８６）の三叉（さんしゃ）学舎などで学ぶ。東京大学予備門を経て明治21（１８８８）年東京大学法科大学（現法学部）を首席で卒業、司法省に入った。

東京周辺の判事を経て同32（１８９９）年東京控訴院検事に就任、同38（１９０５）年大審院検事、翌年検事職兼任のまま司法省民刑局長に昇進した。同42（１９０９）年日糖疑獄事件を担当し政財界人21人を起訴、有罪とした。さらに主任検事として明治天皇暗殺を企てた幸徳秋水らの大逆事件（１９０９）を手掛けた

検事総長時代（大正元〜10年）にも海軍疑獄事件（シーメンス事件）など世間が注目した事件を指揮、らつ

腕検事として評価を高めた（検事総長9年間の最後の年に第1次大本事件にかかわった）。大正10（1921）年10月には大審院長（現最高裁長官）に任命され、司法官僚トップに上り詰めた。この間、イギリス留学で学んだ指紋を犯罪捜査に採用、刑事訴訟法の改定にも尽力した。

検察官時代の平沼は「秋霜烈日の人」とも評された。秋霜烈日とは態度や処罰が厳正であることを意味し、現在検察官が胸元につける徽章（きしょう）は「秋霜烈日章」という。本人もこの呼称は満足していたことだろう。平沼は司法省官僚として人事の刷新、裁判所の統廃合など内部改革を果敢に断行、同省内に〝平沼閥〟をつくったことでも知られる（萩原淳著『平沼騏一郎と近代日本』）。

◆政治家としての評価は高くない

平沼は大審院長を2年務めた後、同12（1923）年9月、関東大震災直後に成立した第2次山本権兵衛（ごんべえ）内閣で司法大臣に就任、政界への第一歩を踏み出した。56歳の時である。このころの平沼は国粋主義者で知られ、道徳の退廃や社会主義、共産主義の台頭を憂慮していた。このため「復古的日本主義による国民教化」を目指して同13（1924）年2月「国本社」を結成、みずから社長に就任した。平沼は「国家は法律だけでは治められない。国民の道徳向上、徳治こそ政治の根本である」と国本社の目的を語ったが、右翼的思想団体とみる国民は多かったようだ。

同15（1926）年4月に枢密院（天皇の諮問機関）副議長も兼任、国本社社長と〝2足の草鞋〟を履いて全国を講演行脚、結果的に自らの政治基盤の確立に努めたことは、マスコミ、一部識者から非難された。同社はピーク時、支部170、会員20万人、著名な陸海軍人、実業家、官僚らが名を連ね、政界にも大きな影響力社長を務め、政治基盤を強固なものにした。昭和11（1936）年6月枢密院議長に選ばれ同社をやっと解散したが、通算12年間を持つ組織に成長した。

このころの平沼は政変のたびに首相候補に擬せられた。自身も舞台裏で政党、軍部とたびたび接触したが、首相候補を天皇に推挙する権限を持つ元老西園寺公望（きんもち）に嫌われ、平沼内閣は実現しなかったといわれる。司馬も平沼は「国本社を足場に軍部と結託し総理の座を狙ったふざけた人物」とどこまでも厳しい。

◆念願の首相に就任したが……

同14（1939）年1月、第1次近衛内閣首相・近衛文磨は平沼を後継指名して退陣、平沼は71歳で念願の第35代総理大臣に就任した（西園寺はこのころ高齢のため引退）。だが近衛内閣の12閣僚中7人が留任、近衛自身も無任所大臣として残留したため、世間は「近衛延長内閣」と揶揄（やゆ）した。平沼内閣は喫緊の日中戦争長期化に対応するため国家総動員体制を強化。国民徴用令を公布し、また米穀配給統制法を制定、戦時下の挙国一致体制の確立に努めた。

内閣発足4カ月の同14年5月にノモンハン事件が勃発、日ソ

昭和14年に発足した平沼内閣（山陽新聞社編『政治と人と』より転載）

両軍はモンゴル・ハルハ河を挟んで激突した。現地の関東軍は大本営を無視して独断専行し、日本兵約6万人のうち戦死約8千人、戦傷者、行方不明者1万2千人という壊滅的な打撃を被った。だが関東軍幹部は責任を部隊長クラスに押し付け、自決を強要したとされる。司馬はこのころから陸軍首脳の体質を厳しく批判し、ノモンハン事件の反省がないまま太平洋戦争突入という無責任体制が芽生えた、と論じるようになった。

平沼内閣は日独伊防共協定を三国同盟に強化すべきか否か、連日閣議を重ねたが、結論が出せず優柔不断と批判された。同年8月独ソは突然、日本の外交努力をあざ笑うように不可侵条約を締結。平沼は政局運営に自信を失ったのか、前述の「欧州の天地は複雑怪奇」の言葉を残して7ヵ月で総辞職した。

平沼の後に組閣した阿部信行は陸軍出身（大将）だが失策が続き、4ヵ月余で総辞職。次の米内光政は現役の海軍大将で親英米派、陸軍の横車で6ヵ月の短命だった。平沼はこの後の近衛第2次、第3次内閣で内務、国務大臣を務めたが、政治家としての評価はそれほど高くないようだ。

萩原氏は「平沼はもっとリーダーシップを発揮し、内閣が国政全体を統御する体制を作る必要があった。陸海軍人との人的関係にとらわれ、その意図とは裏腹に、政治的台頭を許してしまった。首相としての政策統合も出来なかった」と平沼内閣を分析している。第2次、3次近衛内閣を経て昭和16（1941）年10月、東条英機が陸相兼任で首相に就任、日本は太平洋戦争に突入、破滅の道を突き進んだ。

◆誤解された真面目な人柄

国粋主義者の平沼だが誤解されることが多かった。第3次近衛内閣の国務大臣当時の同16年8月、東京・西大久保の自宅で面会した美作出身の右翼団体員に「米英への密通者」としてピストル弾6発を撃ち込まれた。ひん死の重傷だったが、奇跡的に一命はとりとめた。悪化した日米関係を打開するために、帰国するグルー駐日大使に米大統領あてのメッセージを託したことなどが誤解された。戦後、A級戦犯として巣鴨拘置所に収監中、背中にできた腫れ物を医師が切開すると、この時狙撃された銃弾1個が出てきたことは知られる。

昭和20（1945）年8月、広島、長崎への原爆投下に続いてソ連の対日参戦。ポツダム宣言を受諾するかどうかの最高戦争指導会議構成員会議（通称御前会議）が同年8月9日、宮中の防空壕で開かれた。昭和天皇が終戦の〝聖断〟を下した重要会議で、平沼はこの年4月再び枢密院議長に就任し同会議にも出席した。天皇制護持を条件に終戦賛成の立場をとったが、8月15日早朝にポツダム宣言受諾に反対する暴徒ら多数が平沼私邸に押しかけ放火、家屋が全焼した。この時は首相官邸、鈴木首相私邸、木戸内相邸も襲撃された。

鈴木貫太郎記念館は太平洋戦争終結時の展示が多い

話がそれるが、この会議の緊迫した雰囲気を描いた絵画「八月九日の御前会議」「最後の御前会議」（いずれも白川一郎画）を千葉県野田市の鈴木貫太郎記念館で見たことがある。「八月九日」は中央に昭和天皇、向かって右側に起立して発言する鈴木首相、次いで阿南陸相、梅津陸軍参謀総長ら。左側の天皇に一番近い席に身を乗り出す平沼枢密院議長、続いて米内海相、東郷外相らが緊張した面持ちで並ぶ。絵画からあふれ出る緊迫した終戦決断の雰囲気は今も脳裏に鮮やかだ。同館は2・26事件取材で訪れたため、決起兵士に囲まれる当時の鈴木首相の絵画などに関心があり、御前会議にあまり注目しなかったのは、今となっては残念だ。

平沼は戦後の東京裁判ではA級戦犯として終身禁固刑。同27（1952）年重篤になり出所、直後の8月22日死去した。享年86歳。早稲田大学長を務め、社会経済学者として著名な淑郎（よしろう）は実兄。岡山県選出の自民党衆院議員、村山、森、小泉内閣で運輸、通産大臣などを務めた平沼赳夫（1939〜）は騏一郎の養子。

◆故郷では強い畏敬の念

故郷津山では当然のことながら平沼への畏敬の念は強い。昭和12（1937）年、平沼の古希を祝して法曹界や地元の人々が生家のあった津山市南新座に住居を復元、別邸として平沼に贈呈した。平沼は思い出の場所に再建されたこの建物をことのほか喜び、帰省するたびに利用していたという。

法曹界や津山市民の寄付で復元された知新館（上）と内部（下）。今は市民の文化活動にも利用されている

母屋は武家屋敷の面影を残す木造平屋建て、敷地約1000平方メートルに表門、塀、土蔵、中門などがある堂々たる構え。同25（1950）年津山市に寄贈され、市は翌年津山郷土館としてオープン。平成元（1989）年には智新館と改称、同10（1998）年国の有形登録文化財に指定された。

コロナ騒ぎが落ち着き始めた今年6月初め、知新館を訪れた。地元商業施設と文化、公共施設などが入居する県北最大の複合型再開発ビル・アルネ津山（地上8階、地下1階）のすぐ近く。現在見学は予約制、ほかに入館者はいなかったが、市民の文化活動などに利用されることが多いという。主のいない広い庭園に咲き乱れる満開のサツキが印象的だった。

◆亀山城跡に立つ

司馬は昭和24（1949）年夏、亀山城跡（亀岡市）を訪れ、「城の石段まわりにこなごなにされた石柱や石像などの破片が散らばっていた」（『街道をゆく四』）と記述、本殿破壊に国家がダイナマイト3000発を使ったと強調する。司馬は当時産経新聞京都支局の記者、平沼が第2次弾圧を主導したと、このころ間違って思い込んだのかも知れない。

明智光秀像、後方は亀山城跡
（京都府亀岡市）

私も令和元（2019）年夏、光秀ゆかりの亀山城跡に足を運んだ。翌2年から始まる大河ドラマ「麒麟がくる」の主役光秀の居城跡に立ちたかった。山陰線亀岡駅周辺は、早くも大河ドラマ歓迎ののぼりがはためき、地元の期待の大きさをうかがわせた。

駅前には新設ピカピカの光秀像が立つ。同年5月3日、市民の寄付によって建立された。制作者は亀岡市在住の彫刻家、市民の畏敬の念が込められたように光秀像の表情が柔和だ。足元にからむ曲がりくねったステンレスパイプは、亀岡特有の朝霧の流れを表現したという。背後のこんもりとした緑濃い小山に光秀の居城があった。手前の南郷池は当時の堀割のなごり、一帯は南郷公園として整備され、春は桜の名所としてにぎわう。

まず城跡を目指した。ここは現在「宗教法人大本」の所有地。入り口にその旨の看板があった。同教は戦後返還された城跡に、「大本」の聖地として天恩郷など神域を建設（許可なく立ち入り禁止）。同時に整備した石垣や通路は、観光客も自由に散策できる。通路途中の天守石垣はカメラスポット。第2次弾圧で破壊され地中に埋められたが、信者が掘り出して築城当時の穴太（あのう）積みで復元した。

城跡を出て少し南に歩くと、光秀が城下町として整備した旧山陰道

昭和10年の弾圧時に破壊された石垣は復元されている

の本町通り。虫籠窓や京格子の民家が軒を連ね、光秀時代の面影を感じさせる。市も「城下町歴史街並み」として力を入れ、5月3日は光秀慰霊祭と武者行列の光秀祭りが行われるが、今年はコロナ感染予防で中止されたと聞いた。

◆破壊直前の大本教中国別院の写真が岡山・瀬戸町で見つかった

昭和10（1935）年12月8日、当局（内務省）は前述のように治安維持法違反と不敬罪容疑で京都府綾部と同亀岡の大本教〝聖地〟を警官500人を動員して急襲、関係者の逮捕と多数の証拠品を押収した。第2次大本教弾圧事件である。全国の支部や関連施設も同様で、岡山県下では同教中国別院（赤磐郡万富村保木＝当時）も捜査したと思われるが、『瀬戸町誌』などに記述がなく詳細は不明だった。

当局は翌年3月、各県に教団施設や石碑などの破壊を命令、亀岡の〝聖地〟がダイナマイト3000発で徹底破壊されたのはこの時だ。中国別院は五六七(みろく)館と呼ばれ、保木の向山（通称おわん山）山頂に昭和6（1931）年9月着工、同9（1934）年5月完成。屋根瓦はすべて濃緑色で、完成式には県内外の信者約1500人が参集する賑わいだったというが、完成後2年弱のこの年に跡形もなく破壊された。

最近発見された破壊直前の大本教中国別院写真（田井中正明氏提供）

この中国別院を破壊直前に撮影した貴重な写真を岡山市東区瀬戸町在住の古物商、田井中正明氏が保管していることが分かった。昨年（令和元年）12月、同町大井の旧家を取り壊したとき、廃棄されたアルバムの中から発見した。本堂前で警官数人がくつろいでいる写真、取り壊し前の警戒か休けいのように見える。歌碑の面が削られた写真もある。今回の発見について、岡山県立記録資料館の定兼学特別館長は「大本教中国別院については資料が乏しいと聞いている。当局弾圧の有力な証拠写真だ」と語る。

【参考文献】

▽司馬遼太郎著『街道をゆく四』（朝日新聞出版）▽御厨貴監修『歴代総理大臣伝記叢書26平沼騏一郎』（ゆまに書房）▽萩原淳著『平沼騏一郎と近代日本』（京都大学学術出版会）▽池上彰監修『池上彰と学ぶ日本の総理26平沼騏一郎ほか』（小学館）▽山陽新聞社発行『政治と人と上　戦前戦中編』▽野田市郷土博物館編発行『鈴木貫太郎内閣の１３３日』▽岡山県歴史人物事典編纂委員会編『岡山県歴史人物事典』（山陽新聞社）

日ソ両軍が激突したノモンハン事件の〝生き字引〟岡崎久弥さん（岡山）

赤井克己

エフエム岡山の熱心なリスナー、山陽新聞社後輩からまた貴重な情報提供があった。「司馬遼太郎が大きな事実誤認をして元首相平沼騏一郎を酷評しているとは驚きだった。だが司馬、平沼ともにかかわりのあるノモンハン事件について〝生き字引〟のような人、現地事情にも詳しい岡崎久弥さん（57）が岡山市にいる」と教えられた。コロナ騒ぎで遠出ができない老人にとってはありがたいヒント。早速岡崎さん宅に駆け付けた。

岡崎久弥さん

◆ノモンハン事件とは

ノモンハン事件は昭和14（1939）年5～9月のわずか数カ月間、日本陸軍がソ連軍とモンゴル国境をめぐって戦い、将兵2万人が死傷という歴史的な大敗を喫した事件。軍はメディア報道を巧妙に規制、操作して英雄美談のみを伝え、戦争の実態については終戦までかん口令を敷き、真相は知られないままだった。戦後は軍関係者が自らの体験を虚実、自己弁護をまじえて語り、また研究者は隠れた資料発掘に努め、「何が真実か」をめぐっていまだに真相究明が続いている。

ノモンハンは、旧満州西部国境の地名を指す（地図参照）。約600平方キロというから現倉敷市のほぼ2倍の広さ。「見渡す限り〝緑の大草原〟で磁石なしに足を踏み入れるとたちまち迷子になる」と岡崎さん。日本軍は近くを流れるハルハ河を国境と主張していたが、モンゴル側は河よりさらに東に入った20キロを国境線と固執。両者間で紛争が絶えず、昭和14（1939）年5月この一帯が戦場となった。

◆NHKスペシャル番組「ノモンハン　責任なき戦い」に思う

一昨年（2018）の8月15日、NHKが放送したドキュメンタリー「ノモンハン　責任なき戦い」（1時間13分）は秀逸の作品だ。同番組は大敗の事実を隠蔽した日本陸軍の卑劣さ、無責任さを白日の下にさらした。真実に挑む担当者の意欲が画面にみなぎり、出色の出来栄え。また徹底した現地取材と新資料の発掘は、これまでの多数の戦争ドキュメンタリーの中でも群を抜く作品の一つである。ドローンを使って広大な草原に今なお残る塹壕などの戦跡をくっきりと撮影していたのも斬新だった。

さらに①ロシア国立映像アーカイブ秘蔵の動画フィルムを多数入手、AI（人工知能）技術でカラー化。時速50キロで疾走するソ連軍BT中型戦車と戦闘機に追いつめられ、日本兵の死体が塹壕に累々と横たわる惨状は目を覆いたくなるが、あえて公開した勇気を評価したい。②米の軍事研究者が戦後、1950年から30年かけて、大本営、関

草原に埋まっていたソ連軍装甲車の残骸が見つかった瞬間＝2018年6月（岡崎さん提供）

東軍幹部から聴取した録音盤（150時間）が米・南カリフォルニア大学に保管されていることを突き止め、公開した。

③米で入手した②の音声記録に加え、独自に大本営、関東軍首脳らの音声記録も発掘。計44人の肉声を調査することで事件の真相解明に迫った。

テレビはこれらの新事実に基いて「己を過信、敵を侮り、あいまいな意思決定を続けたことがノモンハン大敗の要因」と断定。さらに敗戦の責任を部隊長クラスに押し付けて自決を強要、戦後は「知らぬ、存ぜぬ」と答える上層部の卑劣な体質も抉り出していた。

太平洋戦争では大本営参謀、大佐（ノモンハン事件では関東軍最年少参謀で少佐）を務めた辻政信（1902～1968死亡宣告）。その次男をテレビに出演させたのも勇気ある判断だ。辻は戦前、〝作戦の天才〟ともてはやされ、同事件では対ソ強硬策と戦線の拡大を画策し、関東軍のみならず大本営も引きずり回して、いたずらに犠牲を拡大した張本人だ。

テレビ放送後に出版された『ノモンハン　責任なき戦い』

当然のことながら、軍人の中でも辻への批判は強く、戦後は〝巨悪〟として戦争責任を追及された。だが戦争に至った陸軍の責任を辻にぶっかぶせた感もあり、遺族は肩身の狭い思いをしていたに違いない。遺族の主張に必ずしも賛同するものではないが、番組スタッフの意欲を感じた。

このノモンハン事件は、津山市出身、平沼騏一郎首相在任中に勃発、外交が不得手な平沼は有効な策が出せず苦慮。欧州情勢の激変もあり、在任7ヵ月で辞任したことは別項で述べた。また司馬は写真で登場、「日本はどうしてこんなバカなことをする国になったのか」「日本とは何か、日本人とは何か」と声優に語らせていた。

司馬は日本陸軍がノモンハン事件敗北を全く反省せず、2年後には太平洋戦争に突入、軍民310万人もの日本人が無駄に死んだ、と機会あるごとに世に問うている。また日本が太平洋戦争という破滅に突き進んだ原点は、このノモンハン事件として終戦後長年取材したが、当時の軍関係者の卑劣さに執筆する意欲を失ったことはよく知られる。

テレビ放送1年後、講談社から同名の新書版が出版され、売れ行き好調という。組織上層部は全く責任を取らず下部に押し付ける構図は、現代の官僚機構とそっくり、視聴者の共感を読んでいると思える。

◆父哲夫さんの遺志を引き継ぐ

岡崎さん宅は岡山市北区番町、ここで生まれ育った岡山っ子。高知大卒業後サラリーマン生活を経て、故郷に戻ってきた。現在57歳。名刺を2枚もらった。1枚は日本コンサルティングネットワーク代表。経営コンサルタントとして企業管理アドバイスのほか、リスクマネジメント、IT化の支援などにも携わる。「これが本業」と笑顔の説明だった。もう1枚は、虎頭要塞日本

ノモンハンを流れるハルハ河を挟んで、日ソ両軍が激突した（岡﨑さん提供）

側研究センター代表のほか、中国社会科学院ノモンハン戦争研究所名誉研究員、国境軍事要塞群国際共同学術調査団団長など多数の肩書が並び、副業の方が忙しそうだ。

玄関にかかっていた看板は「虎頭要塞日本側研究センター」と「森永ヒ素ミルク中毒事件資料館」の二つ。虎頭は代表、森永は館長。いずれもトップの責任者であることに変わりなく、平成12（2000）年に父・哲夫さんが死亡したことに伴い、ゆかりの品々を展示するため開館、現在は年1回8月に開館しているという。

哲夫さんは旧満州東部国境の虎頭要塞（現黒龍江省）で終戦後の8月26日までソ連軍と戦った。「司令部が軍事暗号での正式な戦闘終結の指示送達を怠ったため」（岡崎さん）で、哲夫さんの多数の戦友、避難してきたほとんどの開拓民ら計2400人が死亡した。3年のシベリア抑留を経て帰国したが、長女が森永ヒ素ミルクの被害者になり、全国被害者の会事務局長を務めた。

ノモンハンの看板は見当たらなかったが、岡崎さんはノモンハン事件を軍事考古学の視点からすでに10年も前から調査、5回も現地入りしている。NHKのノモンハン番組にも「ぜひとも団長として同行、案内を」と頼まれ、研究者仲間とともに参加した。

現在、ハルハ河沿いにあるスンベル村にはモンゴル国境警備隊が常駐、許可がなければ一歩も中に入れない。村には警備隊の家族や遊牧、農業を営む約3000人が住む。電気は通っているが水道は十分でなく井戸も併用、インターネットはもちろんダメのへき地。NHKが現地入りするには長年培った岡崎さんの人脈に加え、一帯の調査にはその経験と知識が不可欠だった。テレビにはNHKスタッフと草原の戦跡で遺品を調べる岡崎さんがたびたび映っていた。

◆岡崎さんにとってのノモンハン

「父の没後、その足取りをたどるうちに、いつしかノモンハンにのめりこんでいた」と打ち明ける。哲夫さんは前述のように終戦時、旧満州東部のソ連国境に近い虎頭要塞にいた。終戦の詔勅が出たのちの8月26日まで続いた激戦を生き延びた一人。「ひとたび戦争が起これば被害者となるのはいつも一般庶民。絶対に戦争をしてはならないという父の意思を引き継ぎながらノモンハンにも足を運んでいる」という。

世界各地に戦争のむなしさを語る戦争博物館は多いが、「ノモンハンの草原に足を踏み入れると、平和な生活が繰り広げられている足元に不発の手りゅう弾、風雨にさらされて白骨化した人骨、戦車の残骸が転がっている。多数の薬莢(やっきょう)などは珍しくないが、いずれも激戦を物語る遺物。今でも草原即、戦跡だ。見つけるたびに暗澹たる気持ちになり、2度と戦争をしてはならないとの思いを強める。このノモンハン特有の空気と歴史が私を呼び寄せる」と結んだ。

【参考文献】
▽田中雄一著『ノモンハン責任なき戦い』(講談社)▽半藤一利著『ノモンハンの夏』(文藝春秋社)

倉敷川の源流とその歴史は面白い

赤井克己

エフエム岡山の熱心なリスナーから3月末電話があった。「岡山藩郡代・津田永忠の田原用水苦労話は毎回楽しく聞いた。だが倉敷川の歴史はもっと面白いぞ。調べてはどうか」。新型ウイルスコロナが猛威を振るっている時期、マスクは入手できず、不要不急の外出を控えていた老人にはまたとないアドバイス、倉敷は土地勘もあり早速飛びついた。

◆倉敷の繁栄を支えた倉敷川の謎

倉敷・美観地区に優雅ないろどりを添える倉敷川。江戸時代の風情を残す白壁の建物群が川畔の柳並木と程よく溶け合い、川から町並みを眺める遊覧船も好評だ。この倉敷川を「同市中央1丁目あたりから児島湖まで13・5キロ流れる二級河川」と定義するだけでは身も蓋(ふた)もない。その源流をたどり、歴史を調べると、文化・観光都市倉敷の知られざる顔が浮かび上がってきた。

大正12(1923)年に倉敷市酒津に完成した高梁川東西用水取排水施設(通称酒津合同堰、国指定重要文化財）は、旧倉敷市を流れる用水の源流と言っても過言ではない。ここで取水された倉敷用水など6用水（21樋門）は、旧倉敷市一帯を網の目のように流れ、農業用水として市民に深くかかわってきた。

だが倉敷市街地図を凝視すると不思議なことに気づく。倉敷川は大原美術館（中央1丁目）前あたりで突然川として地図に描かれ、児島湾に流れている。「倉敷用水の下流の一つだ」と理解している人もいるが、源流についてはあいまいだ。「美術館向かい側のレストラン亀遊亭脇の川底に石組があり、清流がこんこんと湧き出ている。ここが源流だ」との意見もある。

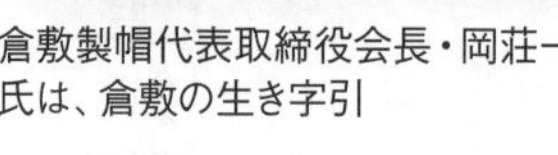
倉敷製帽代表取締役会長・岡荘一郎氏は、倉敷の生き字引

正解を求めて〝倉敷の生き字引〟、倉敷製帽㈱（倉敷市羽島）代表取締役会長の岡荘一郎氏に教えを乞うた。同会長は前倉敷商工会議所会頭、今でも倉敷市文化振興財団理事長、同市中心市街地活性化協議会長などを務め、街づくりに深くかかわる。

すぐさま明快な回答をいただいた。「倉敷川が倉敷用水とつながっていることは事実。市街地に入ると分水して新川と呼ばれ、昭和25（1950）年ごろ市街地整備で暗渠化され亀遊亭脇で噴き出ている。倉敷駅西南、川西町あたりでは倉敷用水が南に流れている」と。

こんこんと水が噴き出る大原美術館近くの堀割

岡会長はさらに、薬品卸の老舗・林源十郎商店（倉敷市阿知2丁目）のリニュアルで分かった倉敷川の新事実も打ち明けた。同店は大正初期築造の木造3階建て。現在はリノベーションされた複合商業施設として帆布、ジーンズなど〝倉敷ブランド〟の6店舗が入居、若者に人気の新観光スポットだ。

岡会長は倉敷町づくり㈱社長も兼任しており平成23（2011）年の林源十郎商店リニュアルにかかわった。「倉敷川は通説の亀遊亭脇よりさらに遡って同商店脇まで延びていたことが判明した。船で荷物の上げ下ろしをしたと考えられる」と話す。「現在、こんこんと水が湧き出ているのは、倉敷市水道局の担当者が常に清らかな流れになるよう調節しているため」と〝清流の裏方〟の苦労まで教えてもらった。

酒津合同堰で分水された倉敷用水は、東に流れた後南下して倉敷みらい公園（旧チボリ公園）を通過、市街地でさらに分水され、ひとつは大橋家住宅（国指定重要文化財）南の暗渠を経て大原美術館近くから倉敷川として流れ、もう一つは川西町から南に流れ、農業用水として利用される。

倉敷の新名所・林源十郎商店（倉敷市阿知）

◆倉敷用水の水運で成長した倉敷

倉敷川は慶長19（1614）年ごろ、農業用水として高梁川から分水されたのが始まり。すでに倉敷村辺りの川幅は約20メートルと広く、川港の機能を持たせていたとされる。天領になった寛永19（1642）年以降は、川沿いに民家、屋敷が並び、米の搬出、綿栽培肥料の干鰯の搬入など諸物資の集散地として急成長する。

繁栄を支えたのは細かに張り巡らされた倉敷川などの用水と水運だった。人口も天和元（1681）年には2779人（375戸）、ほぼ100年後の寛政元（1789）年には6715人（1857戸）と急増、江戸時代の最高は文化13（1816）年の7392人（1875戸）である（『絵図で歩く倉敷のまち』）。

当初倉敷川は児島郡天城村で児島湾に注いでいたが、江戸後期には干拓地が広がり同郡彦崎村まで伸び、明治期に藤田干拓が完成すると用水はさらに延伸された。30～300石の中型弁財船（べざいせん）は倉敷川から瀬戸内海を往来し、10～20石の小舟は倉敷川や周辺に張りめぐらされた川を走り回っていた。『新修倉敷市史』はその規模は、「津田永忠が手掛けた倉安川（吉井川と旭川を連結する）に匹敵する」と誇らしげに記述する。

観光客に人気の遊覧船

◆山川均が語る明治期の倉敷川

山川均（1880～1958）といえば、倉敷市生まれの熱烈な社会主義者で知られる。戦後は再軍備反対、全面講和、非武装中立を主張、社会党左派（当時）の理論的指導者として活躍した（妻菊栄は労働省初代婦人少年局長）。昭和36（1961）年出版の自叙伝『ある凡人の記録』（岩波書店）には、幼少の頃の倉敷川の賑わいぶりが詳述され、当時の水運の実態も知る貴重な資料だ。少し長いが引用する。

「この地方と児島湾とを結ぶ川が倉敷の町にはいると前神川といって、町の中央部まで延びていた。船着場の両岸には柳の老木が並んで、枝は水面に垂れていた。そして緑の蔭には、二百石積みくらいからテンマ船まで大小さまざまの和船が、二、三十艘はいつでももやっていた。

〈略〉

倉敷代官所にあつまる徳川直轄地の年貢米の一部が大坂表に積み出されたのも、この前神川のガンギだったし、帰りの船には、日本一の商業都市の商品や文化も積まれていた。冬は黄金色のミカンを満載した船が、何ぞう（艘）もはいってきた。備前の南部海岸地方からはニンジンなどの野菜が大量に持ち込まれ、そのかわり、村じゅうの塵芥の大部分が、特別の設備をしたゴミ船でその地方に積み出された」。

前神川は現倉敷川の古称、現在美観地区を流れる倉敷川は明治初期には、物品の移入、搬出でにぎわっていたことを裏付ける。「(川は)夏の満潮時には大人、子どもを問わず水泳場になり、石橋のランカンを跳

山川均の生家は現在の倉敷アイビースクエア内、右側の建物のあたりにあった

躍台にして飛び込めるほどの深さがあった」とも回顧している。

山川は倉敷川に飛び込んだ橋を「石橋」とだけ記述、具体的な名前は書いていない。この橋はどこかの疑問が起こり、さらに調べてみると山川の子供のころの明治初期に石橋だったのは、大原美術館前の今橋と倉敷考古館前の中橋である。「倉敷村本田小割絵図（大橋紀寛家文書）によると、今橋は文久3（1863）年にはすでに石橋と記述されているが、中橋はまだ木橋。明治10（1877）年に石橋に架け替えられた」という（『絵図で歩く倉敷のまち』）。

山川の生家は裕福で天領代官所近くにあった郷宿（ごうやど）4軒の一つ。郷宿は代官所に訴訟などの公務で地方からやってくる人の定宿で、現倉敷アイビースクエア西入り口付近にあり、山川が少年時代飛び込んで泳いだ石橋は中橋と推定される。

山川均が子どもの頃に飛び込んで遊んだ中橋

中橋は当時石橋に架け替えられたばかり、今橋より山川の自宅に近い。橋自体が今橋より長く欄干も高くて飛び込むスリルも大きい。いたずらっ子が飛び込むには最適だ。（岡山市中を流れる西川でも昭和30年代前半まで夏には子供が飛び込んで遊ぶ光景は珍しくなかった）。

余談だが、今橋は大正15（1926）年5月皇太子（のち昭和天皇）の倉敷訪問に伴い、新たに架け替えられた。一見石橋に見えるが鉄筋コンクリート製、橋には菊の御紋が彫られ、欄干の龍の彫刻は児島虎次郎のデザイン、今橋の文字は孫三郎の揮毫。

中橋からさらに200メートルばかり南下すると、前神橋、高砂橋と二つの橋が並行して並ぶ。ここは美観地区の南端。北側の高砂橋は旧今橋を高砂町に移住して高砂橋と改名、歩行者専用道になっている。

◆大原孫三郎が残した貴重な写真

実業家として著名な大原孫三郎（1880〜1943）は倉敷紡績創業者・大原孝四郎の次男。山川とは幼なじみで、『ある凡人の記録』によると、明治24（1894）年、倉敷村中心部の精思高等小学校に2人はともに入学、同級生になった。

山川は「友人5人組」の一人に孫三郎を挙げ、孫三郎の父孝四郎が新築した別邸新渓園（倉敷市中央1丁目）の大広間（大原美術館新館建設に伴い取り壊された）で相撲や鬼ごっこをして遊んだ、と回想するほど親しかった。2人が小学校に入学した年に山陽鉄道は倉敷まで開通、7月には倉敷村は町に昇格した。孝四郎が初代社長を務める倉敷紡績所（のち倉紡倉敷工場、現アイビースクエア）はすでに操業を開始し、町全体が活気づき飛躍の時期を迎えていた。

大原孫三郎撮影の明治半ばの倉敷川（『大原孫三郎傳』より転載）

孫三郎が父の後を継いで倉紡社長就任後、撮影したとされる倉敷川に滞留する弁才船2艘の写真がある。昭和58（1983）年12月出版の『大原孫三郎傳』（同刊行会）に載る。荷役を終えたらしい小型弁才船2艘が横に並んで停泊している。干潮時なのか水は少ないが、川幅は現在と同じ。奥に工場の煙突が見える。倉敷紡績所で、明治半ばと推定できる。江戸時代後期に始まった児島湾干拓で興除新田などが完成。中小弁才船は児島湾から倉敷川をさかのぼって、諸荷物や人を運搬していたことを証明する貴重な写真だ。

いずれにしても、倉敷川は同市生まれの著名人にとっては〝懐かしいふるさとの川〟として心に刻み込まれた存在であるようだ。

【参考文献】
▽岡荘一郎著『人生を語る』（山陽新聞社編）▽倉地克直、山本太郎、吉原睦著『絵図であるく倉敷のまち』（吉備人出版）▽山川均著『ある凡人の記録』（岩波書店）▽大原孫三郎傳刊行会編『大原孫三郎傳』（同刊行会）▽倉敷市史研究会編『新修倉敷市史』（山陽新聞社）

今橋は鉄筋コンクリート製。菊の御紋や龍の彫刻が彫られている

もう一つの岡山空襲、7月24日の米艦載機襲来

赤井克己

今年は岡山空襲75年の節目の年。昭和20（1945）年6月29日深夜から明け方にかけて、テニアン島から飛来した米B29爆撃機138機は、岡山市街地の6割を焼き尽くし、死者は1737人（諸説ある）ともいわれる。この悲惨な歴史は今なお熱く語り継がれているが、約3週間後の7月24日朝、米艦載機による岡山市周辺で通勤列車などの集中攻撃は、ほとんど忘れられた存在だ。

当日山陽線下り列車に乗車し、機銃掃射をくぐって命からがら逃げた人々も少なくなっている。空襲75年を機に、体験者に古い記憶を呼び戻してもらい、資料も参考にしながら、〝もう一つの岡山空襲〟の記録を私なりに書き残した。

◆米海軍作戦報告書を解読した日笠俊男氏

昭和20（1945）年7月24日、岡山県南部は朝から快晴、この日の猛暑を予想させるように強い日差しが照りつけていた。ほんの3週間前には岡山空襲で多数の人命が失われたが、銃後を護る使命を課せられた人々

は、この日も職場へ学校へと、米機襲来を危惧しながらも急いでいた。

岡山市ではこの日午前7時前に早くも空襲警報が発令され、岡山駅到着目前の山陽、津山、宇野線各列車は、米艦載機約20機の機銃掃射を浴びた。乗客は列車から飛び降りて逃げ回り、死者44人、重軽傷者168人という。〝謎の空襲〟といわれたもう一つの岡山空襲である。

大都市や重要軍需工場を抱える中核都市は別として、地方都市が1ヵ月に2回も空襲され、通勤列車や戦略的価値がそれほど高くない鉄道施設が狙われたのは極めて異例。国鉄岡山機関区（現岡山市北区西島田町）扇形車庫や転車台、機関車が破壊され、岡山駅へ進行中の通勤通学列車、市南部の一部工場、倉庫なども襲撃された。

岡山空襲解明に長年

謎の県南艦載機空襲

岡山ではなく境港(鳥取)が目標

資料センター代表の研究で判明

太平洋戦争末期の一九四五年七月二十四日、県南部一帯が米軍の空母艦載機に爆撃され四十四人が死亡した県南艦載機空襲は、本来の目標が岡山ではなく日本軍の航空基地があった鳥取県境港市だったことが、岡山空襲資料センター（岡山市中区御成町）の日笠俊男代表(七五)の研究で分かった。これまで目的が不明で〝謎の空襲〟といわれていた。（久万真毅）

県南艦載機空襲の攻撃を受けた岡山機関区の扇形車庫＝1954年（JR西日本岡山支社提供）

厚い雲で作戦を中止

帰艦途中に鉄道など攻撃

日笠代表は、交流のある横浜市の研究者を通じて、爆撃の作戦を実施した米軍の空母「シャングリラ」の艦載機隊から空母の司令官にあてた作戦報告書を入手し分析。

作戦は二隻の空母が行い、シャングリラからは艦載機計十二機が航空基地を目指し出発したが、上空が厚い雲に覆われていたため正確な攻撃ができないと判断、帰艦途中に岡山を攻撃したことを突き止めた。

作戦報告書では、艦載機は岡山大空襲（同年六月二十九日）の被災を免れた鉄道網を中心に、ロケット弾や対人兵器の破砕爆弾を使い攻撃。岡山市北区西島田町にあった国鉄岡山機関区（当時）の扇形車庫を破壊したほか、列車や貨車、沿岸に停泊していた船、機械工場などを標的にしたとされる。

日笠代表は昨年十二月、玉野市で県南艦載機空襲に使われた破砕爆弾の一部とみられる破片が見つかったことを手がかりに調査。米軍が戦後に作成した統計資料から同種の爆弾を使用した部隊を特定していた。

日笠代表は「県南艦載機空襲に関し、列車や駅が攻撃を受けたという体験者の日記や手記の記述が裏付けられた。作戦の目的が明らかになった」と話している。

昭和20年7月24日の岡山空襲の謎を突き止めた日笠氏の研究を報じる2009年4月18日付山陽新聞

取り組む岡山空襲資料センター（岡山市中区御成町）代表・日笠俊男氏は、米海軍作戦資料を基に、〝もう一つの岡山空襲〟の謎を解明した。米太平洋第3艦隊第38機動部隊所属の空母ヨークタウン、同シャングリラが紀伊半島沖に接近、同艦から飛び立った多数の艦載機が岡山を空襲したと断定した。この日目標とした境港・美保海軍基地と米子・陸軍飛行場は厚い雲におおわれて視界が悪く攻撃を断念、帰艦途中に岡山で通勤列車など手あたり次第に機銃掃射したことを突き止めた。工場には破砕性の強い260ポンド爆弾も投下、5インチロケット弾による攻撃もあったという。平成21（2009）年4月18日付山陽新聞に米軍報告書を解読した日笠氏の記事が載った。

この日の岡山空襲は境港、米子方面の空襲を意図したものであったことは、米子市立図書館の平和学習グループも平成26（2014）年に「米子地方の空襲」として発表している。やはり米軍作戦資料によるもので、24日午前は厚い雲のため空襲を断念したが、午後には再び来襲。さらに25日、28日と2日半にわたって艦載機F4UコルセアとF6Fヘルキャット（通称グラマン）が米子市周辺を集中攻撃した。25日は美保基地、米子飛行場のほか境港、七類港（島根）の貨物船を撃沈、28日には山陰線大山口駅で列車襲撃、45人以上の乗客が死亡、さらに宍道湖の水上機基地も攻撃した。

◆山陽線下り列車の通勤風景

岡山市東区瀬戸町万富在住の土井堅郎氏は昭和4（1929）年7月生まれ、現在91歳。平成7（1995）年から同19（2007）年まで3期12年間瀬戸町長を務め、同町の岡山市合併にリーダーシップを発揮した。戦後の昭和26（1951）年に若くして起業した食品会社経営は長男に譲ったが、今も会長としてアドバイスし、自分の用事はマイカーでこなす多忙ぶりだ。

同20（1956）年7月24日当時は関西中学3年生。万富駅を午前6時半ごろに発車する岡山行き列車に乗っており、この日の体験を明確に語れる生き証人の一人。自宅で取材したが、音声は明瞭、記憶も正確、長時間の取材にも終始おだやかな笑顔だった。

政府は戦況の悪化に伴い、同19（1944）年2月、非常措置として3年以上の中学、女学生の軍需工場への勤労動員を決定。岡山県は同年4月から男女合わせ約3万人の中学、女学生らを県下の56軍需工場に動員、兵器、弾薬などの軍需物資生産に従事させた。従ってこの日も土井氏の行き先は中学校ではなく、岡山市上伊福にあった海軍呉工廠岡山工場だった。多数の学生が動員され、砲弾の信管造りに昼夜2交代で従事していた。

万富駅の次の瀬戸駅では、当時の赤磐郡南部一帯と上道郡からの通勤者が多数乗り込み、すし詰め状態になるのが恒例だった。夏だけの〝特等席〟といわれた機関車前部に座る人、石炭を積む炭水車の上に好んで乗る人もいた。車内は満員とはいえ、いつもながらの穏やかな通勤風景だった。

◆突然の米艦載機襲撃と土井堅郎氏

状況が一変したのは次の西大寺駅（現東岡山駅）を過ぎて間もなく。「おいっ、あれを見ぃ！　グラマン

倉紡倉敷工場で飛行機の部品づくりに励む第一岡山高女（現岡山県立操山中学・高校）の生徒（『岡山県民の昭和史』から転載）

終戦時平沼騏一郎元首相の秘書万代重昌さんの91歳揮毫について語る土井氏＝土井食品工業会長室

じゃ（米艦載機をこのように呼称する人が多かった）、こっちに来るぞ」。誰かが叫んだ。車内に悲鳴が上がるのと、機関車が急ブレーキをかけ停止するのがほとんど同時だった。

南から飛来した米艦載機3機は、列車機関士と助手、さらに機関車前部と炭水車の上に座っていた乗客をまず狙い撃ち。次いで客車の座席下、乗客がかがみこんだあたりを連射、「プシュッ、プシュッ」と窓下を射抜く不気味な音が続いた。それた弾がレールにあたったのか時には鋭い金属音も。米機は反転すると、今度は田んぼのあぜ道を懸命に走り、近くの農家に逃げる乗客を狙い撃ちした。この日は津山線玉柏駅、宇野線大元駅周辺でも朝の通勤列車が機銃掃射された。

「南の空にけし粒のように見えた機影は見る見るうちに接近、猛烈な機銃掃射だった。田んぼに飛び降り、友人らと一目散に逃げた。四御神（現中区）あたりでふと気が付くと、目の前の農家が銃撃のせいか燃え始めた」と土井氏。「今すぐ消さねば……と直感、友人を呼び留めて家人と一緒に小川の水をバケツに汲み消火した」と当時を振り返る。現在なら消防署から感謝状が出そうな沈着な行動だが、だれにも話さず旭川の鉄橋を歩いて工場に向かった。

土井氏が旭川の鉄橋を歩くのは2度目。３週間前の6月29日早朝、Ｂ29の岡山空襲時は前述の工場で夜勤をしていた。燃える工場から必死の脱出、気が付くと母校のある万成方面に逃げていた。万成山から焦土と化し、変わり果てた岡山市街を眺め呆然。重い足を引きずって鉄橋を歩き、線路伝いに20キロ先の万富駅を目指して帰った。

鉄橋を歩きながら「日本は不滅だ。アメリカに負けてたまるか」。当時の少年がそうであったように、日本の勝利を疑わなかった。「君らの戦場は職場だ」「一日休めば一日敵を利す」。工場に張られたスローガンがいつも脳裏に深く刻み込まれていたという。その土井氏も90歳を超えたが、今なお矍鑠(かくしゃく)としたスーパー高齢者。「寒に耐え　卒寿に映える　福寿草」。昨年起伏の多かった人生を顧みた句である。

当日瀬戸駅から乗った知人に土井氏と同じ四御神方面に逃げた中学生がいた。その人は瀬戸に歩いて帰る前に、破壊され停車したままの機関車にこわごわ立ち寄った。機関士や機関車前部の〝特等席〟に乗っていた人々の悲惨な最期を時々語っていたが、数年前に他界したと聞いた。

◆私の7月24日

昭和20（１９４５）年7月は、私は国民学校5年生。父は出征中、当日は母も弟も留守だったように思う。遊び友達から「朝の下り列車が岡山駅近くでグラマンに襲撃されたらしい」と昼ごろ聞いた。何となく不安に思い、いつも子供らが集う近所の家に行き、玄関前で数人と立ち話をしていた。

突然、轟音とともに米艦載機が100メートルほど前の民家屋根すれすれに東から西に飛び去った。「あっ、アメリカ兵!!」と思わず声を上げ指さした。聞こえるはずはないが、機中の操縦士は一瞬こちらを見た。反転して機銃掃射に来ることもなかった。だが私は航空帽の顔をはっきり見た。「アメリカ人の顔は赤いというが本当じゃ」と叫んだ。

だが先生や友人に話しても「気のせいじゃ、顔色が分かるはずはなかろう」と軽くいなされた。日笠氏の『米艦載機の岡山県南空襲』の中に「艦載機の米兵の顔は赤かった」と語った人がいた。75年前の一瞬の記憶は間違っていなかったとちょっぴり嬉しくなった。田舎育ちの85歳老人の唯一戦争体験である。岡山空襲時は「西の空は真っ赤だった」と近所でも目撃者は多いが、わが家は家族全員眠り込んで全く知らなかった。

【参考文献】
▽日笠俊男著『米海軍機動部隊艦載機の岡山県南空襲』(吉備人出版)▽山陽新聞社編著『岡山県民の昭和史』(山陽新聞社)
▽野村増一編『岡山の戦災』(日本文教出版)

玉野市制80周年に思う
～鳥人幸吉はなぜ忘れられる?～

廣坂武昌

玉野市と市民は静か!!

『岡山人じゃが』の原稿は何を書こうかな、と思いながら県庁のそばの旭川の土手を歩いていたら〝鳥人幸吉の碑〟に出くわした。初めてみたわけではないが「お、これにしよう」と思い立った。幸吉の出生地は玉野市の八浜であるが、岡山の表具屋に奉公していた時、京橋から鳥のように羽根を脇から腕につけて飛んだ所として、地元岡山ライオンズクラブの手で顕彰碑が建てられた。「青少年よ夢を持て」とある。人間が世界で初めて空を飛んだということで、あのライト兄弟よりおよそ110年も早いそうだ。

丁度、玉野市が市制を敷いてから80周年である。昭和十五年（1940年）8月、当時の宇野町と日比町が合併して発足した。発足前夜まで宇野町側が宇野市を主張してもめたらしいが、国の決断で玉野市となった

岡山市北区京橋にある「鳥人幸吉」の碑。碑の右の後ろは京橋、左後ろが中島の民家と河原

由である。30周年の時の『玉野市史』（以下「市史」）によると、これは〝大東亜戦争〟といわれた第二次世界大戦の前夜的時期であり、この戦争に対処するために国の体制を固めなければ、という国の目的と、宇野港の整備、発展と三井造船の造船体制の充実、隆昌が玉野市の成立の遠因である、とされている。宇野側としては、四国への窓口であり、国際港になりつつあった宇野を新市名にすべきと主張したのは尤もなことと思う。

この「市史」に目を通してみると編集委員の谷口澄夫先生の序文にもあるが、同類のこうした発刊物にありがちな〝ぎこちなさや生固なところ〟がないようにという考えが生きていて、固いイメージからかけ離れた興味深い内容がふんだんに盛り込まれ、読み物としても結構面白い。

江戸時代初期の児島（古図による）＝（実線）と現在（点線）（概略図）

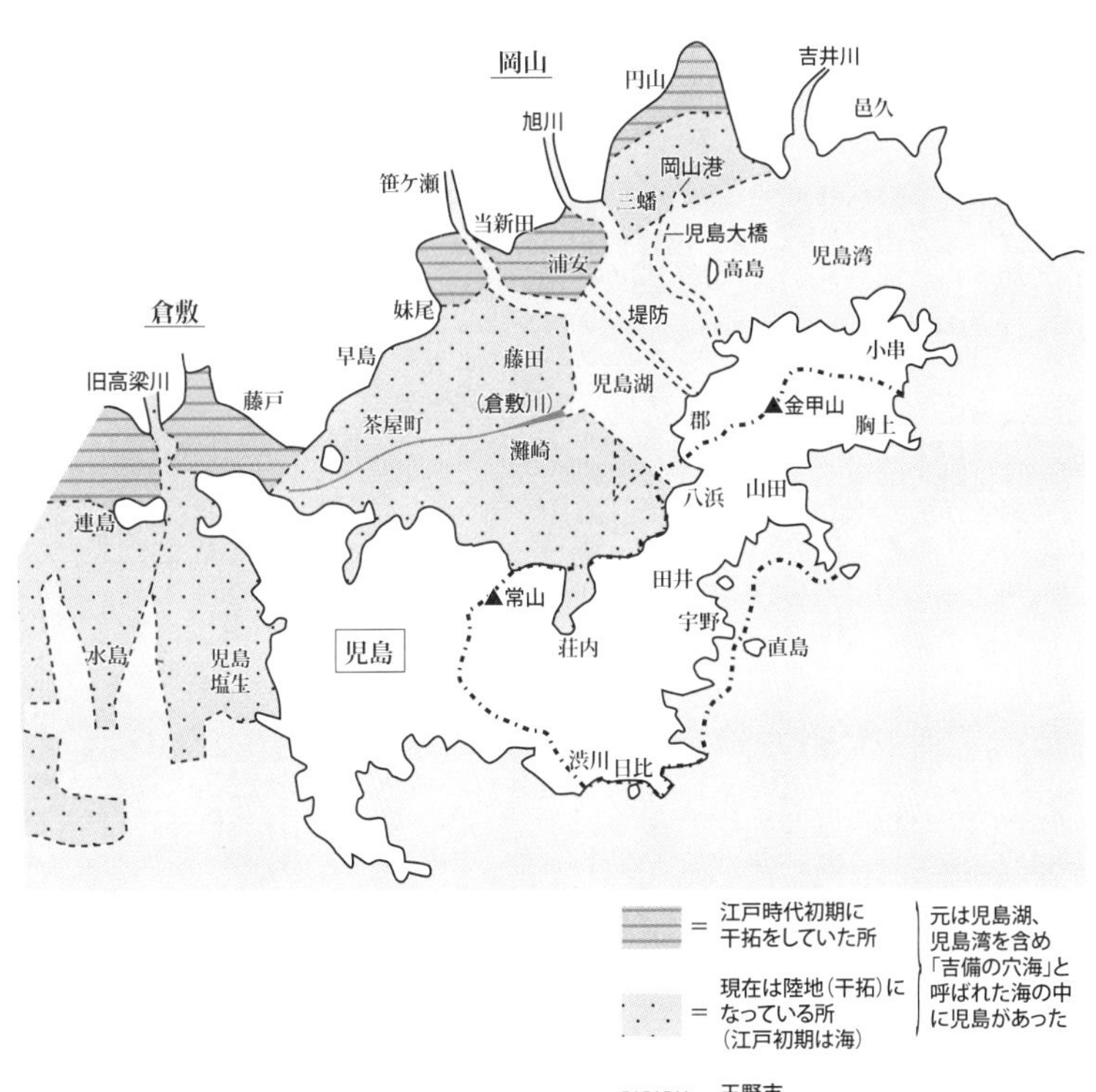

このあと、「続編」と「資料編」が追加発行され三部作となっている。いずれも玉野市のみならず岡山の貴重な資料といえ、一度見た方も時々、まだ目を通していない玉野市民の方は読んでみられるとよいと思う。

話は変わるが、筆者と玉野の直接的関わりは、玉野市山田在住の高畠明嘉さんという方から、「玉野で狂言をやれないか」という電話をいただいたことから始まる。それは狂言を観ることもあるが、自分たちもやりたい＝教室を開けないか、ということであった。私は当時から大蔵流狂言師の田賀屋夙生師に狂言会の事務局を仰せつかっていたので、それは願ってもないお話で、早速その趣旨を師に伝えて狂言教室を山田に開くことになった。それから12年、教室は宇野や荘内、八浜などと変わったが、田賀屋師に付いて毎月少なくても一度、月によっては二度三度は玉野市内にいた。そのうち、玉野に興味をもって、若い時によく行った渋川など瀬戸内海沿いは勿論、宇野、日比、八浜、常山、田井、後閑、胸上などあちこち機会を作っては見て歩いた。そのイメージは静かで学園都市というか、文化都市という感じであったが、大学は無いし博物館、美術館一つ無い全国的にも珍しい街であるらしいと後で知った。宇高連絡船やフェリー乗り場があった都市にしては、本当に静かでゴミや騒音に無関係の感じであった。私が若いころは四国へわたる際は、列車が宇野駅へ着くと、桟橋の人混みをかきわけて走って連絡船に乗り込んものである。車に乗りだしてからは、主にフェリーを利用することが多かったが、いずれも約一時間かかったので一休みの時間として丁度良く、うどんを食べるとかコーヒーを飲むとかが楽しみな時間であった。昭和六十三年（１９８８年）4月、瀬戸大橋ができて電車が通り、その混雑が消えたことによるものであろう。そういえば、玉野市民も総じて静かな市民であると思う。この連絡船がなくなったときも、宇高国道フェリーが消えたときも、市民の反応は静か（!?）であった。普通であれば、それらに恩恵を受けていた業種や人々があったに違いないと思うが、特に騒ぐ集団があったわけでもなく、行政の反応すら静かであった。玉野は良く言えば静かな性格の市民の集まりであり、悪く言えば事勿れ主義の考えの人たちなのであろうか。貧乏人のひがみからいえば、玉野の人は裕福な＝金持喧嘩せずの性格のせい＝かもしれない。冗談はさておき、筆者も経済的発展の目的であるにせよ、街に徒らに騒音とゴミを増やすことは避けるべきだと思っているし、この「市史」の中で編纂時の井上市長が述べられている、「我が玉野市は、美しい自然や風土に恵まれているが、著名な城下町でもなければ、格別有名な街でもない、きわめて平凡な土地柄である。そして、〝美しい瀬戸内海の自然〟と共に明け暮れて、〝温和な気候風土〟に順応し毎日の生活を楽しく幸せに暮らそうとした先人の知恵や体臭〟を大切にする生き方が生きている。」結果が静かな玉野市の理由であろうと納得している。

〝若者〟と〝バカ者〟と〝よそ者〟

そうした経緯もあって静かな玉野市が好きになって、狂言の教室の仲間のおかげで、たまの芸術フェスタ（委員長・斉藤章夫氏）という文化活動団体にも参加させてもらい、玉野でも狂言以外にすることができた。そうしたなかで市長に意見を言わせてもらう集まりがあって、私も発言の機会に恵まれたので感じていることを遠慮なしに述べてしまった。「私は岡山市民ですが、玉野に芸能を育てることも、そうした施設の充実も必要ではないでしょうか」とかねて玉野市内を見て感じていたことを述べさせていただいた。ほかの市民の方々も日頃感じていることをそれぞれ述べておられた。市長は日頃の市政に対する批判と受け止められたのか、「若者とバカ者とよそ者は無責任な意見を言う」と多少感情的に述べられた。それは、〝若者〟は考えが浅い、〝バカ者〟は、常識がない、思慮が足りない、私のような〝よそ者〟は、今までのいきさつや玉野の状況がよくわからない、という意味であろう。最近、市民会館、文化ホールなど耐震力の問題で取り壊されることになったが、予算の関係で再建のめどはないとのニュースが広がった。〝よそ者〟からいうと、玉野市くらい税収的に恵まれている市はないのではないか、という先入観がある。なにせ三井造船があり、国際的製塩業である内海塩業、トンボ学生服など有名企業が多い。難しい問題はあったが、玉野競輪からの収入は一時、一般会計の二割を占めたという。以前、政治経験者から聞いた話では、「一度でいいから玉野市長をしてみたい」という人がいたと聞いたくらいである。しかし、市庁舎や消防署などやはり建て直さないといけない最優先の施設があり、予算の関係で市民会館などの〝緊急性の低い〟ものは後回しであり、具体的再建時期は明示できないそうである。これについても、市民からは大きな反応はなく〝静けさ〟を保っている。私が属している文化団体は、市民会館建設は必要という意見とともに、市民に対し建設資金の基金集めをする運動を展開することになった。〝よそ者〟にとってその辛抱強い考え方に感心するとともに、行政に対しもっと強い働きかけはできないものかと、その物わかりのよさに歯ぎしりする思いもある。他県であれば、全体的でないにしても一部文化グループが「市民会館再建優先」を叫ぶに違いない。30周年「市史」によると玉野には文学、文芸で記録に残るものがない、とあるから文化、芸能についての「音痴度!?」は遺伝的かもしれない。しかしながら、多くの村や地域が合併してできた玉野市は、歴史的にみて資源＝自然と傑出した人材にあふれている。晴れの日が続く美しい海岸線、それに伴う塩という産物、造船に適した地形などの資源、塩田王、政・財界人、文化人と枚挙にいとまがない人材を輩出している。こうした財産を生かし表現する施設の優先度は高いと思うが……。玉野というところは、邪馬台国の時代から地理的にめぐまれていたのではないか。その昔九州から大和へ行くには、乗り物の少ない時代、海路が最も安全で便利であり船で往復するにつき、その中間にあった玉野の「日比・玉村」は寄り易く休憩地に適していたと思う。当然賑わっていた宿場町の港であったに違いないから、文化・経済の発展するための素養に恵まれた土地柄であったろう。『魏志倭人伝』に登場する「投馬国」は、玉野の元「玉」村ではないかという説もある。とにかく玉野市は美しい瀬戸内海など自然資源と人材資源に恵まれている。それは玉野圏の財産でもある。

「30周年市史」に登場する資源・話題

児島半島はシーボルトの『江戸参府紀行』によると、本州と離れた島であった、とある。児島半島が源平の戦いのころ、まだ島であったことは謡曲『藤戸の渡し』からも知れるが、シーボルトが来た頃もまだ完全な陸続きではなかったようで、小さな船であれば本土と児島の間を航行できた、とある。八浜はもともと「波知」（＝波の音が聞こえる（知れる）浜の意、現在もある地名）の浜からきているとある。十七世紀初めまで児島は「吉備の穴海」と呼ばれた海に浮かぶ島であったから、本土の早島村・箕島村などと島の八浜とは漁業権争いが絶えなかったそうだ。しかし、八浜側は良港と漁業資源に恵まれていたので、それまでの実績を評価されて八浜の漁師の方が、時の幕府からも有利な判断が下されたようである。西から干拓が進んで汽水域が増えるが、最終的に淡水化が図られ、その東部が人工の堤防で仕切られて児島湖となり、主に農業用水として利用されるようになった。当時の古老は「なんと愚かなことを」と嘆いている。古老の指摘通り淡水化したことにより、とれる魚・貝の種類、量が著しく減少し八浜の漁業は衰退して交通の要衝になった宇野、造船の日比と、玉野に繁栄の中心が移っていった。また、水の汚染化も進んだ。締め切り前はまだ八浜に船宿があり、筆者は魚料理を食べに行ったこともある。児島湾締め切りになってから時を同じくして漁場権争いは聞かれなくなった。そうした漁業が支えたころの八浜は、商業も盛んで下津井や牛窓など十三村と並んで商業地の一つに指定され、醸造所、宿屋、紺屋、豆腐屋、

八浜町の両児山（ふたごやま）から見下ろした幸吉の家があった八浜の町。昔日のにぎやかな商業地の面影を残して、家がびっしり建て込んでいる

油屋などあり岡山藩士が遊興に八浜へ来ていたとある。後述する浮田幸吉の父親が経営していた宿屋「櫻屋」や多くの船宿などがあった。

（1）塩作り・船造り

玉野と言えば塩田である。それは入浜式というシーボルトも舌を巻いた効率の良い製塩方法であったが、それは一年に平均六十日くらいしか雨が降らないという気候に起因している。しかし、江戸時代迄は当時の「検地帳」で見る限り、沼以外その主力たる山田の東野崎浜にも、田井にも利生（おどう）にも日比にも塩田はなかったとある。塩田造りの名手といわれた野崎武左衛門による日比、向日比、利生を中心とした亀浜と、山田、田井、胸上を中心とした東野崎浜の塩田によって、日本はおろか当時の台湾・朝鮮までも商われるほどの生産量を誇るに至った。武左衛門は農業・漁業への影響などを心配した地元の六か村から猛反対を受けたが、水路を新設したり、補償を約束するなど、力によらぬ説得を続けて、生産量の大きな塩田を完成した。これにより関連の地区民は、仕事も得られ暮らしがよくなったということである。シーボルトも地元住民の暮らしぶりの豊かさも特記しているから、この地域の人たちへの武左衛門の経済的功績は大きいといわねばならない。山田には芝居小屋までできたというから、その経済的効果は住民の暮らしを含め大きかったのであろう。その後春藤武平氏によって「枝条架流下」式が作られ一層塩作りの生産性が上がった。

また、沿岸一帯が造船に適しているという三井物産の要請に応じて、武左衛門から受け継いだ塩田を経営していた宮原豊、秀一親子は塩田を土地として提供し、造船所が誕生して今の造船の町玉野の礎となった。第一次大戦のころ大正六年（１９１７年）であり戦争景気も加わって、玉地方空前の賑わいを呈し、雇用を促進し関連事業を増やすことになり、現在の玉野経済の一角を担っている。

塩田も造船もいずれも玉野市を形成させ、発展させた主要因になった。経済的に豊かになろうという目的もあったにせよ、社会への貢献、人々の暮らしに役立つ、という目標も感じる事業である。いずれも玉野だけに影響を与えた人材というより全国区的貢献をした人たちである。

(2) 〝よそ者〟が知っている現代の人物

近年では、日比出身の治山正次氏があげられる。戦後生まれの年代の就職時は就職先が少ないうえ家計が厳しい家庭が多かった。筆者なども就職先は決まったが、着ていくまともな服がなかった。背広を着ることなどしばらく勤めて給料をためなくては買えるものではなかった。（初任給がよくて5千円台で、背広が3万円はした時代であった）。今では高級品でなければ、男性、女性でも勤務用の服が気軽に買えるようになり、スーツが身近な日常品になって、多くの新人サラリーマンがその恩恵に浴した。（それ以降、初任給は上がったが背広の値段！　は変わっていないというか下がっている）。新入社員が男でも女でも新品のスーツが着られるようになったのは「はるやま」のおかげである。（と筆者は思っている！）その後「はるやま」は全国に広がり、同業のお店が次々にできている。筆者は会社勤めのころ、治山氏と海外旅行に随行させていただいたことがあるが、そうした事業を成功させた人物とも感じさせない、静かな物言いの方であった。〝紳士服のはるやま〟は、昭和四十八年氏の名前の「正次」から「はるやま商事株式会社」にしたそうである。筆者が東京に転勤したとき、銀座にその店を見つけわがことのように誇らしく思ったことを記憶している。

そのほか、筆者が知っているだけでも、ＮＨＫの井上あさひアナウンサー、漫画家の石井ひさいち氏、岡山東商出身胸上の元阪神タイガース代打の神様・八木裕氏、日展審査委員の立花博氏など、文化・スポーツだけでもまだおられそうで多くの著名人が輩出されている。

（3）「鳥人幸吉」と呼ばれた男の話

「鳥人（浮田）幸吉」の話は、私が小学生のころは教科書に載っていた。飛行機はアメリカのライト兄弟のものと思っていたので、すごくびっくりして誇りに思ったものである。いつのころ教科書から消えたのか定かでない。江戸時代は岡山池田藩五代治政候の時である。幸吉が岡山の京橋から飛んだというのは、天明5年（1785年）というからライト兄弟の飛行機が生まれた時代からおよそ120年も前のことである。おそらく伝説や、神話的話を除けば人類初の人力飛行である。しかしながら、記録上世界で初めて人力で空を飛んだ男にしては、知名度はそれほど高くないし世間から忘れられているように思う。

＊鳥人幸吉の生い立ち

30周年「市史」によると、幸吉は八浜の櫻屋という宿屋に生れている。7歳の時父親に死なれ、次男であった幸吉は、親戚の笠屋へ預けられ笠や提灯を張る仕事をすることになる。少し大きくなって今の岡山市上之町あたりの親戚の紙屋へ引き取られ表具師の仕事をした。表具師とは、掛物や屏風に紙や布を張り付けることや、ふすまや障子の張替えをする仕事である。この二つの技術を身に着けたことが、のちの鳥の羽に模した道具を作ることに生きたのではないか。岡山では蓮昌寺というお寺が近かったので、暇を見ては遊びに行ったとある。これは当時蓮昌寺の名物といわれるほど沢山いたハトを観る機会になり、ハトのように飛びたいと思うようになり、思うだけでなくの幸吉はハトを捕まえ羽根と体の大きさ、重さの比率を調べたとある。こうした鳥を見て空を飛べな

幸吉誕生地の碑（表側）。
（幸吉の生まれた櫻屋の跡地は民間の工場が建っている）

いかとか、高じて羽根と体の比率を調べるというのは、〝若者〟ということに加え、特異な発想癖の人か技術屋的性格の人で、その類の性格の持ち主であったろう。そして何度も試行錯誤して羽根を作り屋根から飛んでみたりしたが、鳥のようには飛べなかったとある。人間の腕の力では、羽根を鳥のようにばたつかせることは、無理であることが分かり、鳶のように滑空（今でいうグライダーのような飛び方）することを思いついたという。八浜へ帰って小高い丘（両児山？）や、人家の屋根から羽根を付けて飛び降りる練習を繰り返し、ある程度飛べるめどがついたので、いよいよ岡山の旭川の京橋から飛ぶことになる。今は花火大会をしている（2019・20年は中止）河原に向けて飛んだのであろう。京橋のそばの旭川の中州にある中島の民家の二階にある物干し場から飛び出した、という説もある。京橋の幸吉の碑の写真の右後方が京橋で、左後方が中島の民家と河原で、民家の物干し台から飛んだという方が現実味があるが……。とにかく、飛ぶというより落ちていった、という方が正しいらしく河原で宴をしている人達の中へ落ちて騒ぎを起こしてしまった。これにより、世の中を騒がしたとして役人につかまり、結果、鞭たたきと岡山から所払いという処分を受け八浜へ帰らねばならなくなった、というのが「鳥人幸吉」の話である。ただ、ここで疑問があるのは、八浜でも岡山でも空を飛ぶ練習をしたとあるから、なぜその時点で咎められなかったのか、また幸吉自身も騒ぎになると思わなかったのか。「近所に変な奴がいる」という訴えがあってもよい筈だし、また、役人の耳や目にも入っていたのではないかと思える。それについては何も記録がない。尤も役人に届けられていたら京橋の騒ぎはなかったかもしれないが。

＊〝時の流れと人との出会い〟！

この幸吉の話は決して伝説でも物語でもない。当時のいろいろな記録から事実であり、先述のように天明五年（１７８５年）のことといわれており、実にライト兄弟の飛行機（１９０３年）からおよそ１２０年も前の話である。ライト兄弟の飛行機がグライダーの域から進んで、空を飛ぶための推進力としてエンジンを考え、それを機体に取り付けたところが幸吉と違っている。昭和20年ごろまでの小学校の教科書に「鳥人幸吉」の話がのったのは、空を最初に飛んだのは日本人であるということにウエイトを置いた、戦時中の国民の意気を鼓舞することにあったと思うが、ライト兄弟の開発した飛行機と違って実用化したのではない。人間の腕の力では無理とわかっても、それに代わる動力を考えなかったことが、実用的乗り物になれなかったということであろうか。当時の人に、空を飛べるのであれば、殿さまの参勤交代の時に利用する乗り物にならないかとか、レジャーの一つになるとか、今でいうニュービジネスにつながる発想がなかった。第二次世界大戦の戦時中は、日本人の意気を高めることには使われたが、その時は飛行機という乗り物としての具体的成果がないために、「初めて空を飛んだ人」ということにウエイトを置いている。もっと大々的にPR・称揚しないと人々の記憶から消えていることも多いのではないか。（地元八浜の出生地では、「鳥人幸吉まちづくりフェア」という記念行事が毎年行われている。櫻屋幸吉橋や〝幸吉保存会の解説版〟もある。しかし、住民以外は知らない人が多い。因みに若い人に〝幸吉〟を知らない人が多く、高齢者には比較的知っている人が多い）。２０１８年に後楽園能舞台のイベントとして〝鳥人幸吉〟を狂言とミュージカルに仕立てた吉田摩耶女史も「こうした機会がなければ幸吉の存在に気がつかなかったかもしれない。」と述べられている。筆者はこの幸吉の所業がなぜ現代の人にあまり知られず、また知っても忘れられてしまうのかと思ってしまう。それは妙な比較かもしれないが、アイススケートで4回転ができたからと言っ

「櫻屋幸吉橋」から望む両児山。この山の斜面を使って飛ぶ練習をしたとも伝えられる

て何も生産性はない、それでもテレビを観る人にすごいなと感動させるのは、偏に時代がそういうことを受け入れるからと思う。人が自力で空を飛ぶということは、今でも話題性がありアイススケートの4回転以上のニュースバリューがあるが、人騒がせな事件という受け止めしかない〝時の流れ〟の中の事件であった、加えて、後世に記憶に残る生産性を残さなかったことにあるのではないか。この知られないということは今だけのことでないらしく、幸吉論を書いた竹内正虎氏もその著書（『鳥人浮田幸吉考』・昭和十三年・静岡市）の中で、幸吉のことを当時の航空界の人達にすら知られていないことについて、「遺憾なこと」と述べられているし、玉野市の郷土史家・伊藤忠志氏も『表具師幸吉』で、「国民の半数が幸吉を知らない」ことを遺憾に思われて、幸吉史に着手した、とその目的を述べられている。

筆者は物事の革新や改善は、そのアイデアや事象が優秀で本物である（願わくば皆を納得させるセンスを含む）ことが基本であるが、大事なことはその時代の要請にマッチしているという〝時の流れ〟と、それを評価して取り上げてくれる〝人との出会い〟が必要である、と思っている。〝時の流れ〟とは、その時代の要求にマッチしていることであり、〝人〟とは、その時代の社会であり、権力者であり、サラリーマンで言えば、社長・上司である。そして、いくら素晴らしい発明・提案でもその時代が必要としていなければ、そのアイデアも商品も生かされない。早すぎても遅すぎても採用されないことが多い。また、それを評価する人の能力が提案者よりも低い、という不幸に出会うこともある。サラリーマンであれば、無能の社長・上司に泣いた経験を持たれた人もあると思う。応援する人も足を引っ張る仲間もいるだろう。幸吉の飛行も当時の文書に、「笑柄であり、人にして羽虫なるを願う愚も甚だ

鳥人幸吉の飛行機（人形のモデルが乗っている）

し」という評価がある。「人間が一番尊いのに、はるかに劣る鳥や虫などの真似をして飛ぶなど笑いものであり、愚か者〝バカ者〟で容認できない」という評価しかできない時代であったことが幸吉の不幸である。一世紀後のライト兄弟の時代は、飛行機に対する期待が世の中にあり、半官半民の科学啓発団体の協力も得られている。すなわち、理解者と時代の要請があったことが幸吉の時代と違っていたのではなかろうか。幸吉の発想が100年早かった、というべきか。

＊変人扱いの幸吉（他人の目を気にしない性格？）

それに加え、幸吉の記録には自分だけの趣味を楽しむ域を出ず、周囲の人や富裕者、体制に協力を求めた形跡がない。岡山の紙屋で一緒に働いていた弟の弥吉という人が、近所の人に「兄貴は変わり者で、鳥の羽を作るといって部屋の中は足の踏み場もないありさまで、伯父によく叱られる」と愚痴をこぼしている。話を聞いたその近所の人は「弥吉も変わり者」と述べているから幸吉はもっと変わり者であったろうか。鳥を見て飛びたいと思うことは、普通の人も思うことであろうけれど、自分が空を飛ぶべく、ハトをつかまえて羽根と体の大きさ、重さ、比率を調べる人はあまりいなかったであろう。現代でもこの種の発想をする人は、特異な性格の持ち主といえる。技術屋でない（筆者のような）技術屋音痴は、話を合わせにくいのでそういう人はできるだけ敬遠してしまう。また幸吉は自分だけ空を飛びたいのであり、一緒に研究してくれる仲間を求める、他人を楽しませる、あるいは、武左衛門のように世の中の暮らしの向上につなげよう、という発想がなかったのではないか。それでも、現代のように幸吉が空を飛んだことを話題としてテレビなどマスコミが取り上げる時代であったなら、幸吉が周囲の人が考えつかないことを言ったりしたりする変わり者〝バカ者〟であっても、話題になり現代の人々の記憶にも残り、忘れられるということもあまりなかったであろう。加えて、幸吉の時代が、頭から「人騒がせ」を咎める姿勢の年代であった。そのころの池田藩主は五代治政候で遊び人といわれた半面、文化を理解し〝剛毅果断〟の性格の人らしかったが、「面白いことを考えたな」、「何かに役立ててみようかな」という発想がなかったか、あるいはそう思っても具現化できる社会体制になかった（時の流れにかなっていなかった）ことも飛行機という乗り物開発につながらなかったということであろう。

＊その後の幸吉

幸吉という人は、根っからの技術屋さんであったらしく、岡山で表具師の時、橋本町の歯医者さんから入れ歯の技術を学んで習得している。その後、八浜を出て駿府（静岡県）に移住したときその技術が役立つ。駿府では児島の産物である木綿物を扱う〝備前屋〟という店を開き繁盛したが、手が足りなくなり、兄の長男を養子に迎えて（ずっと独身であったので）店を任せ、自らは「備考斎」と称し、持ち前の器用さから入れ歯の技術を生かし、また、当時輸入されだした時計の修理などで財を成したらしい。幸吉から、五代目の九一郎氏の話によると「明治末ごろまで家の戸棚には、象牙・骨・柘植などの入れ歯や十二支を書いた時計・歯車・ぜんまいがあった」そうである。駿府でも空を飛んだらしく（六十歳のころ?）、危うく死刑になるところを多彩な技術により駿府に多くの付き合いができていた関係もあって、〝よそ者〟をかばう当地の仲間たちのとりなしにより、ここでも〝鞭たたきのうえところ払いの処分〟で済んだらしい。そして現在の磐田市に引き取ってくれる親分がいたお陰で、住まいと嫁を得てこの地で生涯を終えた模様である。時の幕府から罪人と決めつけられたせいか、磐田市の暮らしぶりがよくわからないとされているが、弘化四年（１８４７年）九十歳で亡くなった

大見寺

そうで、お墓は磐田市見付の大見寺で見つかっている。幸吉の碑（岡山市の京橋のたもと、出身地玉野市八浜）と共に顕彰されている。その縁で磐田市と玉野市は友好都市になっている。磐田史談会の『磐田ものがたり』の幸吉についての著述は、『玉野市三十年史』の内容とほぼ変わらないが、幸吉の晩年については諸説があるので、現地取材のため磐田市などに行きたかった。しかし新型コロナウイルス騒動の最中で行けなかったので、お願いして磐田市文化財課さんに写真や資料を送っていただいた。世の中が落ち着いたらぜひ駿府や見付宿の現場に行ってみて、「鳥人幸吉静岡篇」を書きたいと思っている。

（4）余談～玉野人と外国人～（「30周年玉野市史」から）

30周年「市史」は先述したように読み物としても面白く、多分地元の人も知らない記録も多く、中でも外国人との接触の記録にびっくりする。

＊その一つに〃日比村松太郎のオロシャ漂流〃というのがある。文化九年（１８１２年）八月、幕府の択捉（エトロフ）島通いの御用船として就航していた、兵庫・相生の回漕業者高田屋嘉兵衛の船〃観世丸〃に、水夫として乗り

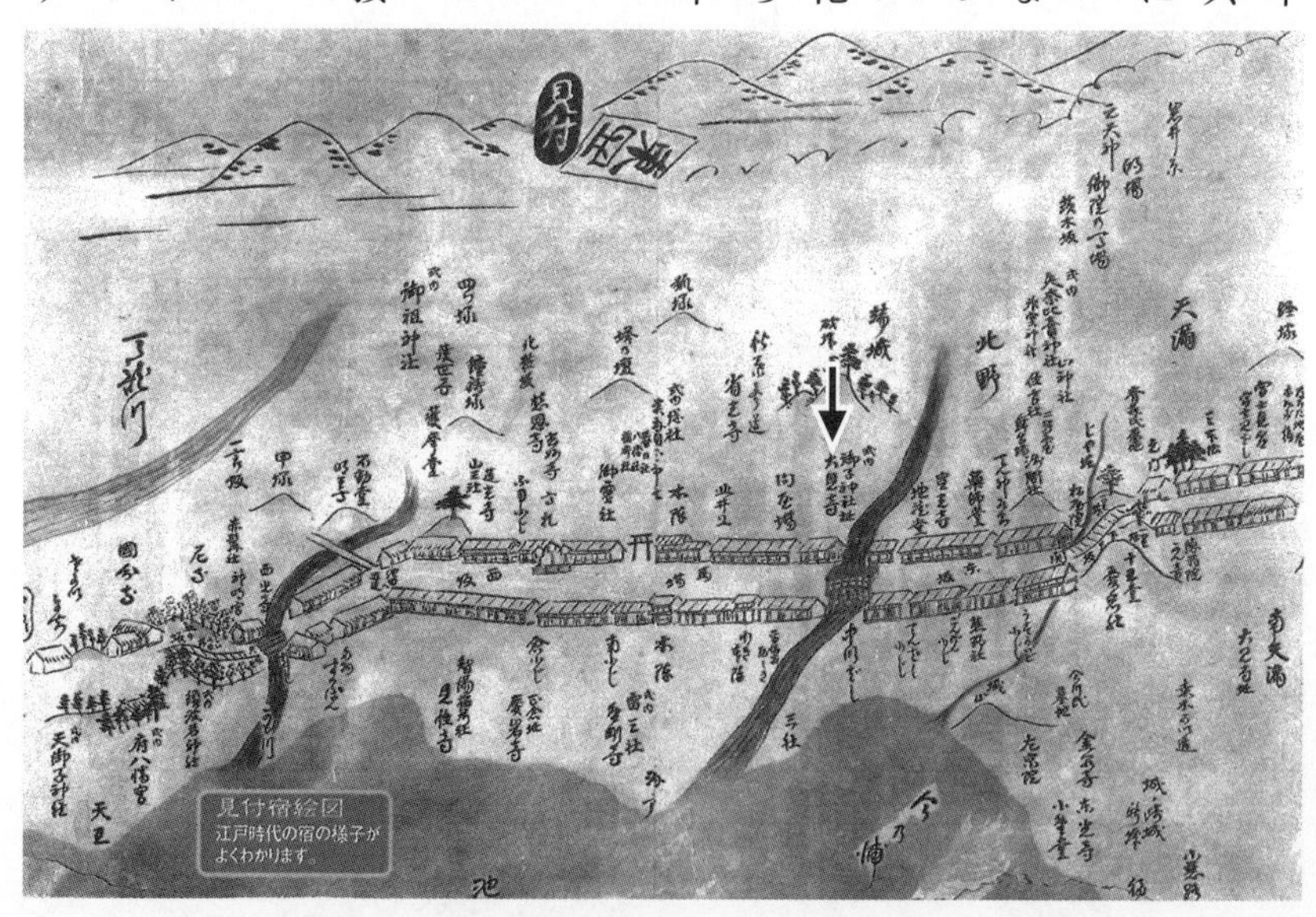

江戸時代の「見付の宿」の地図。幸吉の墓が見つかった大見寺（↓）も表記されている

組んでいた日比村の松太郎という人の役所へ出したその時の報告書の記録だという。驚くのは、このころ既に瀬戸内海から北の果て北海道にまで出向く商船があった、ということである。その観世丸には55人の乗組員が乗っていたそうであるが、エトロフ島からの帰り、風向きが悪く、国後島（クナシリ島）へ船をつけようとしたところ、ロシア（当時オロシャと呼ばれていた）の船が二艘居て銃撃してきた。乗組員たちは当然混乱して海へ飛び込んだりして9人が死んだ。船主の嘉兵衛は乗組員に落ち着くよう声をかけ、相手に毅然として抗議した。ロシア側は、何らかの事件で幕府にロシア人二人を拘束され殺されたと思い、その仕返しに来ていたらしいことが分かった。嘉兵衛という人は、肝っ玉の据わった人らしく、通じない言葉と手真似など交え交渉し、捕らえられていた幕府のクナシリ番所の役人3人を釈放させている。その後ロシア船の人質となり、同行を申し出た松太郎も一緒に5人オホーツクへ連行されることになるが、やはり天候が悪くカムチャッカ半島へ到着する。そこでロシアの役人と交渉し、3人（2人は病死したという）はクナシリのゼンベイコタンというところへロシアの船で帰還している。船主の嘉兵衛は日本に拘留されていたロシア人の開放に尽力したとある。このころから、日本は少なくともエトロフやクナシリは幕府が管理して役人が常駐していたことがわかる。（現代、エトロフやクナシリなどの北方領土を大戦のどさくさまぎれにロシアが不法占拠していることを、日本全国民の重要な課題として認識し解決を図らねばならない。北海道に行くと「北方領土を返せ」という看板が立てられているが全国民の認識が弱いように思う）。

　今から約二百年も前に外国との交渉に一歩も引けを取らなかった嘉兵衛という日本人がいたこと、主人と運命を共にする覚悟をしてついていき、それをきちんと記録を取って役所に事の次第を報告している日比の松太郎という人も立派である。その記録で面白いのは、キリスト教を知らなかった松太郎が教会の模様を描写して、「仏は磔（はりつけ）の格好をしていて、仏の前に一畳台、高さ二尺余りの台の上に毛氈を敷き本があり（聖書?）、寺（教会?）にも木像、金仏がある。」と描写している。現代の人には教会のありさまが手に取るようにわかる描写である。

帰国後、松太郎が日比の役所に出した報告書によるそうだ。

＊二つ目は、既に登場している文政九年（1826年）のシーボルトの日比寄港の話である。これは、長崎から江戸幕府へ挨拶に行くときの紀行文である。（『江戸参府紀行』）シーボルトは、日本人に西洋医学の指導の名目で長崎の出島へ来日し、日本人の弟子をもって指導するが、日本の国力を調べることも内々の目的ではなかったかといわれている。それかあらぬか、文政十二年（1829年）帰国するとき持ち出し禁止の品を見つけられ没収されている（シーボルト事件）。オランダ人として来ているが、ドイツ生まれであるらしい。他に岡山の関連として、日本人妻との間に生まれた〝おいね〟もシーボルトの医学を学んでいる。シーボルトは、日比に上陸すると植物に興味を示すが、何より入浜式の塩田に強い関心を示している。日本の持つ製塩の設備と方法の方がはるかにヨーロッパのそれより完全度が高いとしている。「田んぼ（塩田）に塩水を入れ、熊手でかき回し、その水を沼井というところに運び、ここでせいろでより濃いい塩水にして、屋根のある小屋で煮詰めている。」など細かく記録して帰っている。日本の技術がヨーロッパより優れていること、外国に対する警戒もちゃんとしていることを身に染みて感じて帰国したことであろう。

＊三つめが日比の黒船騒動である。幕末の鎖国騒動の最中の安政六年（1859年）十一月十一日午後八時ごろ、「日比村の西の浅瀬に見たこともない大きな黒い船が座っていた。すぐ見聞に行かねばならないが、暴風でそばへ寄れない。陸から見ると煙突のある蒸気船で、先ごろ長崎から江戸へ向かったアメリカの船ではないかと思われる。しかし、翌日満潮になって風も凪いで離礁したので行ってみるとイギリスの船であった。郡奉行に報告したが、役人は一向出てこない。」言葉は通じないし、仕方なく、十五日になって水先案内人として4人が船に乗り込み、船は小豆島の方へ去っていったが、百人近い家来が三日間大騒動をして動いたのに対し、池田藩の重役は胸上まで来ていながら日比には来ていないとのことで、いつの時代も中央のえらいさんにはこんな人もいるようで池田藩の記録にもないそうである。しかしこれに関与した人は、イギリス人の食べ物

や、人相風袋をよく観察して記録している。言葉も通じないのに敢然として船に乗り込んで水先案内までして今と同じく現場の人たちの方がたくましい。そのイギリス人たちから当時としては珍しいお礼の品（タバコ、ギヤマンのグラスなど）貰っているから、国際親善にはなったのであろう。その6年前の嘉永六年（1853年）は浦賀の黒船騒動があり、欧米諸国が日本などアジアへの進出を目論んでいた時期である。

多くのアジア諸国がヨーロッパなどの強国の植民地になっていった当時、玉野にすらこれだけの外国人と接触していた記録がある。にもかかわらず、日本がそうしたことにならなかった事は幸いであった。観世丸の嘉兵衛のような日本人の気質と日本国としての規律の確かさにあるのだろう。アメリカ、イギリス、オランダ、ポルトガル、ロシアのような当時の強国から日本の独立を守っているのである。

現代、国際情勢がおかしくなっているし、言いがかり的理屈でよその国の領土を奪うことが起きている。大国の経済力や軍事力をほのめかしての威圧的侵略行動は自分の国さえ良ければいいという自己中心の思想を国が持っているということになる。特に領土問題は国際的調停力が弱くなっている現在、軍事力でしか解決できないのかもしれない。（という趣旨のことをある国会議員が言って物議をかもしたが……）。しかし、軍事的解決方法はリスクがあまりにも大きい。玉野市民のように静かな解決方法として、あらゆる国と文化交流しその交流によってお互い相手国の身になって、その文化を無くしてはならないという理解まで進めば、侵略など起きにくくなる。平田オリザ氏がある講演会でそのような趣旨のことを言われている。文化活動に政治や宗教の目的が絡むことは厳に慎むことが原則とされているが、同じように恣意的に融資を行うなど相手国に付け入る手段としての交流は勿論許されないことは言を俟たない。

今回の新型コロナ騒動は、正に〝太陽の焔〟が、日本や諸外国の意外な弱みを明らかにしているように見える。こうした世界共通の自然が起す災難は、国家レベルで純粋に助けあう機会を自然がもたらしてくれているのかもしれない、と思うのだが、それでも争いの材料に使っている国もある。

「文化は経済の源」という。文化の発展こそ経済繁栄に不可欠ということである。昔から、祭という文化イベントで地域は賑わったものである。

玉野市は、「もう80年、まだ80年」である。あと20年で切りの良い100周年、そして次の〝80周年〟はどのようになっているのであろうか。

終わり

【参考文献】
▽竹内正虎氏著「鳥人浮田幸吉考」▽伊東忠志氏著「表具師幸吉」▽玉野（市制三十周年）市史編纂委員会「玉野市史」
▽磐田史談会「磐田ものがたり」～鳥人幸吉の墓～

【ご協力・資料、写真など提供他（敬称略）】

玉野市商工観光課・総合政策課／磐田市文化財課／下方一志（玉野市議会議員）／田中宣史（NPO MMK＝みなと・まちづくり機構玉野＝理事）／尾崎 良（八浜町 快（こころよし） 神社宮司）

贋作狂言

「幸吉と烏天狗」

シテ　幸吉　（太郎冠者衣装）
アド　烏天狗（山伏衣装、烏帽子・背に羽根・顔に嘴）

幸吉　「これは八浜のふたごやま（両児山）のふもとに生まれた幸吉という者でござる。七才の時父御を亡くし近くの笠屋に奉公いたし、長じてこの地を離れ岡山上之町で表具師を致してござるが、今日は店に休みをいただき幼少のころ遊んでいた両児山へ参らんが為まかり出てござる。まず、そろりそろりと参ろう。イヤ、まことに笠屋へ奉公に出されてより、はや、十年ばかりになるが変わりはないか知らぬ。いつも木を切って遊び道具を作っていたものでござるが。さて、何かと申すうち、はやこれでござる。（正座に出る）お～お～、この頃は誰も来ぬと見えてどの木も大きうなってたくましいことかな。どれに致そう。これがよかろう。いやいや、少し細うござる。こちらに致そう。この度は太すぎはしまいか。これに致そう。まず、鋸を出いてと。ズカ、ズカ、ズカ、ズッカリ」

烏天狗「ヤイヤイヤイ、そこなやつ」（名乗り座）

幸　「ヤイと仰せられるは私のことでござるか」（声の方を見る）

天　「なかなか、そちの外に誰もおらぬいヤイ」

幸　（ふりかえって腰を抜かして）「そなた様は山伏様のようでもあり、また、そうでもないような」

天　「身共は鞍馬山の神仏にお仕えする天狗様じゃいヤイ」

幸　「ハア～ッ、これはまた廃亡致いてござる。その偉い天狗様が何用でござる」

天　「身共はわが主・大天狗様より多くの国の神社など見回りを仰せつかっている者じゃ。今日はこの地の八幡神社、快神社に参ったところじゃが、日頃見かけぬ汝を見とがめ

幸　た故、声をかけた」

天　「イヤ、私をはじめ地元の者は少しばかりの枝は時々取りに参ることでござる」

幸　「いや木を切ったというて咎むるではおりない。身共が見た所汝はここの神社にお賽銭をあげなんだ。山に入る時は、その山を守る神社を必ず拝礼するものじゃイヤイ」

天　「これは私としたことがぬかってござる。帰りには忘れぬようお参りしお供えの致します。ところで、そなた様には、高い鼻がなうてなにやら烏の嘴のやうなものを付けさせられておりまするな」

天　「む、む、む、こ、これは身共は天狗のなりたてで、烏天狗の位のものゆえじゃ」

幸　「天狗様にも位がござりまするか」

天　「我々は神仏(かみほとけ)のお使いを致しておる。一番偉いお方が、大天狗様、次が小天狗様、そして次に身共のような烏天狗というがある。山伏が真を取って修行すれば、身共のやうに選ばれて烏天狗になれる。鼻はまだないが、大天狗様にひいきにしていただいている故、そのうち高い鼻になって小天狗に選ばれるであろう」

幸　（外を向いて）「はや鼻を伸ばしている。（笑い）（向き直って）ところで、天狗様、そなた様は飛ぶことはなりまするか」

天　「お〜お〜、それは易いことじゃ。これこのように身共の背なには羽が生えておる。大天狗様と小天狗様は羽団扇(はうちわ)も使うがの」

幸　「そのやうな大きな体でも、その小さな羽根で飛ぶことがなりまするか」

天　「先も言うた通り、身共は神仏の使いであるから、羽虫や鳥と違うて尊い神仏のお力で空を飛ぶのじゃ。ところで、汝はその木を何に使うのじゃ」

幸　「そのことでござる。私は、ただいま表具師を致しておりまするが、休みの日に近くのお寺でハトの群れを見ているうち、私も空を飛んでみたくなりハトの体や羽根を調べて、仕事の腕を生かして私の体を浮かせる羽根を作りたいと存じその骨組みに使う枝を探していたところでござる」

天　「ハーハーハッ。何と愚かなことを。神仏を恐れぬとは汝のことじゃ。某ですら長年、艱難辛苦の修行を重ねてやっと羽根をいただいたのじゃ。作り物の羽では飛べはせぬ」

幸　「修行は致しておりませぬが、ハトの本体の重さと羽根の大きさを算用して、私の重さに合わせた大きさの羽を作れば、私もハトのように飛べましょう」

天　「そのやうな難しいことは知らぬ。人間の身で空を飛びたいなど考えぬことじゃ。なにの役に立つのじゃ」

幸　「さりながら、天狗様、空を飛ぶことは気持ちの良いことなのではござらぬか」

天　「それはそれは楽しうて……。む、む、む。して、汝はそれで飛んでみたのか」

幸　「ハトや雀の飛び上がるを見て羽根を作り、ばたつかせようと試みましても、重くて腕が思うやうに動きませぬによって、まだ飛んでおりませぬ」

天　「さぞさうであらう。某のやうな烏や鳶でも高いところでは羽根を動かしておらぬ。滑るように空を舞うている」

幸　「如何様にして空へ上りまするか」

天　「人間の腕の力では無理じゃ。鳥ですら巣立ち前から飛ぶことを何度も試み、腕の力を強うして羽根を大きく動かして飛び上る。空へ上がってからは、総じて風の力に任せておる。また鳥ではない蝙蝠の体は重いゆえ羽根は大きゅうて透けて見えるほど薄う、軽うしている」

幸　「飛ばぬときはいかやうにしておりまするか」

天　「大方は木の枝や屋根裏などすぐ飛べるところで休うでいる」

幸　「イヤ、さすが天狗様、よく鳥の飛び方を見ておられまする。早速今の教えを生かして飛びだす場所や羽根の作り方を考えることといたしましょう」

天　「ところで汝は空を飛うで何とする」

幸　「何も致しませぬ。ただ、空を飛べばさぞ気持ちがよからうと思うだけでござる。飛ぶ事を考えていると胸がだくめいて夜も寝られませぬ」

天　「そのやうに皆と変わったことをすれば、お上のお咎めもあらうし変わり者と人が言うであらう」

幸　「いえ、どなたにも迷惑はかけませぬし、助けを求めたこともございませぬ。ただ、同じ家の中にいる伯父が迷惑といつも叱りまするし弟は愚痴を言いまする」

天　「ま、悪いことは言わぬ。空を飛ぶことなどやめておけ。某は次の神社を回らねばならぬ。先に戻るが、先も言うた通り賽銭を忘れず置いてゆけ」

幸　「心得ました。いろいろ教えていただき忝うござった。静かに行かせられい。さらば、さらば。いや、これは良いことを聞いた。なるほど、高いところから飛んで風に乗ればよいのじゃ。風のない時は飛ばぬことじゃ。この辺りの小高い丘や橋の上は風もあって飛びやすい。うまく飛んで自慢の鼻を伸ばしたいものじゃ。さ、さ、早う枝を取って急いで戻ろうと存ずる」

（幕へ入る）

町衆

主人（長上下出立）

番頭（〃）

丁稚（着流し）

町衆（主人）「これはこの辺りに住まい致すものでござる。今日はことのほか暑うござるによって、番頭どん・丁稚どんの慰みもかねて京橋の河原へ夕涼みに参ろうと存ずる。ヤイヤイ、番頭どん、丁稚どん、おるかやい」

番頭・丁稚一、二「ハ～ッ、これにおりまする」
主　「念のう早かった。これより奈良茶の夕涼みに行くほどに用意のせい。今日は土用の奈良茶の日じゃによって、台所にお酒・お重を言うてある」
番頭・丁稚一、二「旦那様それはありがとうござる」
主　「うむ、いそいで支度の致せ」
番頭　「畏まりました。丁稚どん、台所に用意してくれているはずじゃ。取ってきておくりゃれ」
丁稚一　「承知致しました。今日だけは、いつもと違うて奈良漬とお茶だけでなく、お重にお酒が許される日でございますな」
丁稚二　（重箱を少しずらして）「お、鰆のちらし寿司。好物でござる。
（とつまみぐいする）あむ、あむ、あむ」
丁稚一　「やあやあ、そなたつまみ食いしたな。こちへおこせ。（重箱を奪い取って）わしもあむ、あむ」
丁稚一、二「こちへおこせ」といいあいながら重箱をひっぱりあう）
番頭　「こりゃこりゃ、そなたたち何をしておる。こりゃっ、つまみ食い致したな。明日は雑巾がけを倍に致すぞ」
丁稚一、二「見つかってござる。（二人、口を拭いながらでてくる）
主　「ハ、ハ、ハ、さ、参ろう。（道行き）イヤまことにこの時期はことのほか暑うござるによって、昔より旭河原で奈良漬けで冷やしすまいたお茶を飲みながら夕涼みをする習いができてござる。何かと申すうち早河原へ着いた。何と仰山の提灯が点いて、大勢の人じゃ」
番頭　「さあさ、丁稚どん、空いているところにござを敷いておくりゃれ」
丁稚一、二「心得ました。（さらさら～重箱・銚子などござの上に並べる）
番頭　「旦那様、先ず飲ませられい。お酌の致しませう」
主　（扇子を広げて）「ならば、注いでおくりゃれ」

番頭（徳利を取り上げ）「それ、それ、それ」
主「お〜、お〜、お〜、なみなみとある」
番頭「丁度ござる」
主「あむ、あむ、あむ。うまい酒じゃ。さあさ、番頭どんもお飲みやれ、丁稚どんも食べておくれ」
番頭・丁稚「いただきまする。（皆で飲んだり食べたりする）
幸吉（橋掛かり二の松へ幸吉出る）。今日は土用の奈良茶の日でござるによって店は早じまいになった。この前の天狗様の話に合わせて飛ぶ練習をしてきたが、高いところから風に乗るとうまく飛べるようになったわ。今日は近くの京橋から風の出るを待って飛んでみようと存ずる。（しばらくして）
幸吉「お〜お〜、風向きも丁度良うなった。いざ、飛び出そう。えいえい、やっとな。これは良い。ふ〜わり、ふ〜わり。あ〜ッ、風向きが変わってしもうた。（舞台へとびだして、正座のあたりで転ぶ）
（みな賑やかに食べたり飲んだりして騒いでいるところへ、ドス〜ンと大きな羽根を背負った幸吉が出てきて尻餅をつく。全員飛びのいて右往、左往しながら）
「何事じゃ、何事じゃ、空から何やら降ってきた。神鳴り様か、天狗様か（など口々に言いながら主人は橋掛かりに逃げ這いつくばる。番頭は酒の徳利をだいて、丁稚はお重をもってワキ座へ伏せて「くわばらくわばら」とふるえながらかがみこむ）
幸吉「あ痛、あ痛、腰をしたたかに打った。風向きが変わって落ちてしもうた。（周りをみて）みなびっくりして逃げていくわ。お〜い、わしは人間じゃいヤイ。天狗様などではないやい。というてもこれだけ暗うなってしまうては恐ろしゅうて皆逃げても当然じゃ。（自分の体を見て）あ〜あ、羽根はみな破れてしまうたわ。これは何としたものであらう。いや、これでは羽根としてはもう使えまい。と申して、ここに置いてゆけば、

番頭　あとでお役人に咎められよう。お役人の来ぬうちに急いで戻ろうと存ずる。やっとな、やっとな。（腰などにつけていた羽根などひもで縛って担いで幕へ入る）

丁稚一　（恐る恐る顔を上げながら）の～う恐ろしや、恐ろしや。天狗など子供のたらしごとかと思うていたらまことであった」

丁稚一　「私は腰が抜けました」

丁稚二　「私も食われるかと思いました」

丁稚一　「番頭さん、さりながらあの声はどこかで聞いたような」

番頭　「天狗様などに知り合いなどないいやい」

丁稚一　「いやいや、（少し考えて）お～、それそれ、表具師の幸吉どんに同じ声であった。

丁稚二　「そういえば幸吉どんにそのままじゃった。あのお方は日頃から変わったお人で、先日も蓮昌寺でハトを捕まえてひねくりまわしておりました。さだめてこの度は天狗の真似をして皆を驚かせようとされたに相違ない」

番頭　「ああこれこれ、滅多なことを言うでない。このことはあとで旦那様に申し上げておこう。（丁稚一の手元を見て）それはそうと、お前は何を大事に抱いているぞ」

丁稚一　「（急に気が付いて）あ、これはお重ではないか。（番頭を見て）番頭さまは何をお持ちで」

番頭　（手元を見て）お、これは徳利じゃわいやい。命の次にに大事な徳利をもってきてしもうたわ。ハハハハハ」

丁稚二　「（右手を前に出して）私も箸をしっかり握っておりまする」

三人　「ハ～ハッハッハ」

番頭　「いずれにしても皆無事でよかった。急いで戻ろう。（橋掛かりにいき）そこに震えてござるは旦那さま。旦那さま、旦那さま」

主人　「誰じゃ、誰じゃ。命ばかりは助けてくだされ」

番頭　「私でござる、私でござる」

主人　「なに私？　え〜い番頭どん。何とした何とした。天狗はどれへいた」

番頭　「どれへかへ行きました。何事も無うてようございました。さ、今宵はもう戻りましょう」

主人　「それにしても天狗はおらぬのか」

番頭　「心当たりがござりまする。あとで報告のいたしましょう。いずれお役人様がお調べになるのではござらぬか」

主人　「番頭どんの話を聞いてからお役人へ届けよう。今日はとんだ夕涼みであった。（三人をみて）何とお重に酒。大事に抱えておるの。戻って家でやり直そう」

三人　「それがようございましょう」

全員　「ハ〜ッハッハハ」

（皆で大笑いして幕へ入る）

アーカイブ

毛沢東と会見した岡山人たちの物語

岡山の戦後の日中交流の魁（さきがけ）

「岡山県学術文化視察団」毛沢東主席と異例の特別会見
1956年11月18日北京「勤政殿」

猪木正実

コロナ禍や主席の訪日時期、尖閣問題など、このところ今ひとつすっきりしないのが日中関係。そんな時期だからこそ、戦後間もない時に撮影された日中交流を巡る1枚の貴重な写真の存在がクローズアップされてくる。
それは、日中がまだ国交回復すらしていない時期、岡山の学術文化訪中団が、毛沢東主席と会見・懇談している記念写真である。正に戦後の日中交流の魁ともいえるもので、意味するところは大きい。

国交無き国に乗り込んだ14人の勇気

写真が撮影されたのは、1956年（昭和31年）11月18日。場所は、北京の天安門前広場近く、国家要人が多数居住する中南海「勤政殿」。写っているのは、毛沢東主席を中心に、岡山県学術文化視察団（団長・林秀一岡山大学教授、14人）の面々。それぞれ緊張感溢れる固い表情が見て取れる。

先ず、前日から会見に至る状況を見てみよう。

前日の17日、北京飯店に滞在していた一行に「重要な事があるから待機されたい」との予告があり、次いで夜になり明日の毛主席との会見が正式に通知された。しかし、一行にとって予想もしていなかったことだけに、団員の方が戸惑うばかり。何せ相手が国家のトップだけに「何を聞くか」「どう挨拶するか」と、あれやこれや……結局、議論ばかりでまとまらない。

そして18日の当日。「正当な理解も準備も無いままに」団員14人は、午後8時前、迎えの5台の車に分乗して北京飯店を出発。約10分で中南海の「勤政殿」に到着した。興奮と緊張に包まれコチコチの団員を出迎えたのは郭沫若中国科学院院長らで、いよいよ身支度を整えて会見場所へ。

主席と握手、柔らかい手の感触に感慨

部屋に入ると、そこには、人民服姿の毛主席がにこやかに立って待っているではないか。「あまりにも平凡で、質素な身繕い」に団員の方がビックリ。林団長を先頭に順番に毛主席と握手。「柔らかい手の感触、これが苦労や困難

牧山
山本(遺)
石井
(不明)
楢村
山本(修)
桂
(不明)
(不明)
村上
岩本
郭沫若
林
毛沢東
川﨑
中西
緒方
米田

内山完造氏

と闘い抜いてきた人の手か……」と皆、感慨を新たにしたという。

そして、毛主席を中心に、郭氏らも加わって記念写真を撮影。それがその1枚である。中国国旗「五星紅旗」を背に中国側関係者も含めて全員が勢揃い。中央が毛主席、向ってその左が林団長、その隣が郭氏。主席の右が川﨑祐宣副団長、その隣が中西寛治秘書長といったところ。

毛主席との会見には、実現までに曲折や意外な幸運が重なった。ともかく、岡山県の代表団とはいえ、一地方の代表であり、相手は国家を代表するトップ。通常では到底考えられないことである。そこには、郭沫若、内山完造両氏の、並々ならぬ尽力と影響力があったからなのである。

元々この岡山県学術文化視察団は、前年の１９５５年（昭和30年）12月、日本にやって来た「中国学術文化視察団」（団長・郭沫若中国科学院院長）の来岡の〝お返し〟といった意味合いで計画された。

この中国からの視察団は、郭氏が六高時代を過ごした岡山にも訪れ、懐かしい関係者らと懇談。上海時代から懇意だった内山氏とも旧交を温めた。この中で、郭氏は後楽園に丹頂鶴がいなくなっていることを寂しがり、翌年、丹頂鶴２羽を後楽園に贈っている。

郭沫若と内山完造の顔を立てた毛沢東

岡山の視察団は、11月6日から北京飯店に滞在していた。内山氏もこの視察団とは別に、魯迅逝去20周年記念祭や、孫文生誕90年記念会出席などのため北京を訪れており、視察団の秘書長役の中西氏と共に一行の世話をしていた。

この中で、中西氏が「毛沢東主席に会いたいとの希望があるのだが……」と持ちかけたところ、内山氏の方は言下に「地方の視察団に何で毛主席が会えるものか」と一蹴したという。

ところが、そんな論議をしている最中、内山氏にたまたま郭氏から相談の電話がかかって来たため、次いでのこととして内山氏は「今、岡山からの視察団が来ており、毛主席に会いたいと言っているのだが……」と郭氏に伝えたという。すると、郭氏からは意外にも「会えるかも……」という反応が返ってきた。

しばらくして、折り返しの電話があり、毛主席会見の実施が決ったのだという。

内山氏は、日中戦争や内戦の最中、毛主席が「現代の聖人である」と敬してやまなかった文豪・魯迅を亡くなるまで支援し見守り続けており、魯迅の葬儀では葬儀委員にも名前を連ねていた。郭氏とも内山書店を通じて深い交流があった。こうした厳しい時代の魯迅、郭沫若、内山完造各氏の深い交流が、異例ともいえる毛主席会見実現の背景にあったものと見られる。内山氏は、当日の会見には出席していない。

過去は言わない1日も早く国交回復を

会見は、写真撮影があった隣の部屋で行なわれた。一行の誰もが「写真撮影したら、それで終わり」と思っていた。しかし、それから会見場に案内され、1メートル幅程度のテーブルを挟んで、主席と向かい合って着席することになった。否が応でも緊張がはしる。

会見は、大半が毛主席の発言となった。

「我々は過去のことは言わない。現在アメリカに圧力を加えられている日本人民の気持ちはよく分かる。1日も早く国交を回復しお互い仲良くしていきたい」「中国は6億の人口を持っておりその強大な力で、今は侵略しないが過去の報復として将来の何時かは侵略してくるのではないかという不安と疑念を持っている人がいると聞いている。こういう心配は無用である。我々は他国の内政に干渉して共産主義を輸出しようなどという意志は毛頭持っていない」。（中西寛治氏報告書より）

途中、毛主席は話しを続けながら、何とマッチをすって皆のたばこに火を付けたのだ。且つ、会見中ほとんど切らさずたばこを吸い続けた。1本のたばこを途中で消して、それを捨てずに、しばらくしてその吸いさしに火を付けて吸う、こんな吸い方。

会見は和やかなうちに延々2時間50分余にも及んだ。

毛沢東をビックリさせた〝質問〟とは

最後に質問タイムになって、皆を凍り付かせる様な質問が、若い団員から飛び出した。

「主席の歯の黒いのは何故なのですか?」

これには百戦錬磨の革命闘士も不意を突かれたよう。しかし、一呼吸あって……

「それはたばこの吸いすぎだろう。こんな質問をされたのは初めてだ。今夜は正に〝友遠方より来たるあり〟との感じがする」

と毛主席、上機嫌だったとか。

約3時間に及ぶ会見が終わると、毛主席はさっさと部屋を出て行く。団員が慌てて見送りに行こうとすると「主席は、あなた方を見送るために玄関に行ったのですよ」と通訳氏。

11月の北京の夜は寒い。毛主席は一人ひとりと握手をし、郭氏と共に車が見えなくなるまで手を振って見送ってくれた。

岡山の日中友好交流の先導役を果たす

岡山県学術文化視察団は、11月1日から52日間にわたって中国各地を訪問、一部の団員は北朝鮮・朝鮮民主主義人民共和国も訪問、全行程を終え12月22日、帰国した。帰国後、それぞれの立場で、友好交流運動と取り組んだ人は多かった。

メンバーは、林秀一団長、川﨑祐宣副団長（川崎病院長）、村上栄副団長（岡山大学教授）、中西寛治秘書長（日中友好協会岡山県支部事務局長）、団員は、岩本為雄（県仏教会会長）、米田茂男（岡山大学教授）、緒方末彦（県農業試験場長）、楢村良章（映画サークル会長）、山本修一（日中友好協会県支部副会長）、山本遺太郎（県詩人協会会長）、桂又三郎（陶芸評論家）、石井遵一郎（音楽評論家）、牧山堅一（津山中央病院長）、塩沼秀之助（長島愛生園医師）の各氏。

本土と台湾、2つの政権が対立し、日本は台湾向き、こんな厳しい環境の中での訪中だっただけに、団員はそれぞれに大きな決断をしての参加だっただろう。

副団長で参加した医師でもある川﨑祐宣氏は、「毛主席にたばこの火を付けてもらった」と、ことあるごとに話題にし、加えて「たばこを止めなさい」と主席に忠告したとも。旭川荘や川崎医科大学などの医療福祉、教育事業などを通じて、終生、岡山の日中友好運動をリードし実践した。

元々、中国側からの招請状は、清水多栄岡山大学学長宛に来ていたが、国交無き当時は厳格な国の審査があり、それなりのポストの国家公務員には許可が降りなかったため、清水学長に代わって林氏が参加し団長を務めた。同様に三木行治知事も断念したと言われており、日中関係はそんな窮屈な時代だった。

その後、日本と中華人民共和国との国交が回復するのは、１９７２年（昭和47年）9月のことである。

毛哲学、中国が超大国に発展した今は……

会見は正にあの時代だったからこそ実現した特例だろう。また、現在の時点で追記しておくとすると、会見で語られた当時の毛主席の指導方針・哲学が、世界の超大国にまで上り詰めた現在の中国指導部に、どう理解され引き継がれているかという問題である。

毛主席の発言は次のようなものである。

「我々は今後の行動を通して中国は決して侵略の野心など持たない心配の無い国であることを証明していけるだろう。我々は常に謙虚でなければならない。思い上がったり自惚れの後にはその国は必ず滅びる運命にある」。（中西寛治氏報告書より）

この写真は、こんなことも思い起こさせてくれる。（写真提供・岡山市日中友好協会）

ポスト・コロナ時代を左右する「地元旅ブーム」は来るか？

石津圭子

「晴れの国」は自転車ツーリズムに向いている？

２０２０年2月12日。私は、「吉井川流域ＤＭＯ」が海外からの誘客拡大を目的に開催した「サイクリング・モニターツアー」に同行した。ＪＲ和気駅前を出発し、旧片上鉄道の廃線跡に整備された自転車・歩行者道「片鉄ロマン街道」と、国道３７４号脇の歩道を通って備前市伊部で町並みと備前焼の窯元を見学し、昼食後、「備前長船刀剣博物館」を目指す約20キロの行程だ。

走行ルートや内容を評価するモニターとして参加したのは、岡山大学で学ぶ20代の男性留学生４人（アメリカ出身３人、ドイツ出身１人）。さらに、通訳兼ツアーガイドと旅行事業者、スタッフと私を含めた8人が午前10時過ぎ、ＪＲ和気駅前に集合した。すぐ目の前の和気町観光協会でレンタサイクルを選ぶことになり、脚の長い留学生たちはクロスバイクやマウンテンバイクにまたがり、その他の同行者には電動自転車やママチャリが用意された。私は、50歳を過ぎたとはいえ体力には自信があるし、体験取材を兼ねていたのでママチャリを選択。通訳兼ツアーガイドの尾田高章さんが先導する留学生たちの列の後ろを追いかける形でペダルを漕いだ。

ところで、「吉井川流域ＤＭＯ」は、吉井川流域の赤磐市・瀬戸内市・和気町が、行政区を越えて連携し、広域観光振興に取り組む組織として２０１８年に誕生した。ＤＭＯとは、「Ｄｅｓｔｉｎａｔｉｏｎ　Ｍａｎａｇｅｍｅｎｔ／Ｍａｒｋｅｔｉｎｇ　Ｏｒｇａｎｉｚａｔｉｏｎ」の略。観光庁の施策で全国的に登録が進む「観光地域づくり法人」のことだ。インバウンド需要を掘り起こし、地域の「稼ぐ力」を引き出すことや観光地域づくりの推進などの中核的な役割を担っている。

瀬戸内市といえば、上杉謙信ゆかりの備前刀で福岡一文字派の最高傑作にして国宝の「太刀無銘一文字（号・山鳥毛）」を購入するため、ふるさと納税やクラウドファンディングを活用して5億１３０９円の資金調達を実現したことで話題となっていた。

この「山鳥毛」が瀬戸内市で一般公開されることによる外国人旅行者増加への期待が高まる中、同ＤＭＯは、サイクリングと「備前長船刀剣博物館」に隣接する「刀匠工房」での鍛冶体験という2つの旅プランを海外に向けて販売する予定にしていた。私も、「『山鳥毛』の一般公開が決まったらサイクリングと名刀鑑賞をセットにした旅の記事を書こう」と考えていたのだが……。

天気は薄日の差すくもり空。2月の風は頬に冷たかったが、自転車が快適に走れるよう整備された道を一列に並んでのんびりと、田畑や山々の風景を眺めながら自転車を漕ぐ旅は単純に楽しかった。この頃、新型コロナウイルス感染症の報道は、すでに過剰傾向にあった。乗客の感染が確認されたクルーズ船が横浜港に到着したのが2月3日。海外からのチャーター便で帰国した人の中に陽性者が確認されるなど、目に見えない恐怖が迫っていると感じてはいたが、まだ、全国的に通常通りの生活を送っていたし、私自身、危機感は持っていなかった。そんな、ぼんやりとした不安でもストレスだったのだろう。空気がいつもよりおいしいと感じた。車で移動する旅では見逃してしまうような、民家の庭先に咲く黄色い蝋梅や、白やピンクの梅のつぼみに春の足音を感じ、小鳥のさえずりにも心が踊る。煩わしさを全て忘れられる非日常の開放感は、サイクリングの醍醐味だと思った。

さらに、平坦な道ばかりではない。密かに花芽を膨らませていた桜並木と「清水駅跡」を過ぎた辺りから、1キロほど緩やかな上り坂が続く。元気な留学生たちに遅れないよう、思いっきりペダルを踏んでもママチャリではなかなか追いつけない。時間にして5~6分で息は上がり、思うように足が動かなくなった。「もう限界かも……」と弱音を吐きそうになった頃、ようやく平坦な道に戻った。すると、今度は延長203メートルに及ぶ「峠清水トンネル」の下り坂だ。上りの苦痛から解放され、薄暗いトンネルの向こうに見える光に向かって一気に駆け下りる。この上ない爽快感だ。トンネルを出てすぐの開けた場所に自転車を止め、振り返ると冬梢に囲まれた坑門の一部は赤茶けたレンガだった。後で調べたら「峠清水トンネル」は1923年開通だったから、およそ100年も前の大正時代の岡山がどんな様子だったのか、ここで解説できたら良かったのかもしれないと思った。

「備前市サイクリングターミナル」から先は、自転車道を離れて一般道へ。国道374号の歩道を走る部分は、大型トラックと併走することもあり、子どもや自転車に不慣れな人には少し危険ではないかと不安を感じたが、和気町から備前市伊部までの約10キロは、思っていたよりも短い。途中で2度、休憩したが、それでも1時間に満たないので自転車旅には程良いコースだと思った。

伊部の町並みに入ると「天津神社」の前で1人の留

伊部の町並みを自転車で走るモニターツアーに参加した留学生たち（写真提供：吉井川流域 DMO）

学生が自転車を止めた。参道の鳥居の両脇に鎮座する一対の巨大な獅子に興味を持ったのだ。一般的な神社に見られる花崗岩の狛犬とは異なり、伊部周辺の神社には、陶工が大甕の技術を生かして制作した備前焼の宮獅子が多く見られる。中には全高150センチに及ぶものもある。留学生たちは岡山に1～2年滞在していて、日本語もかなり理解できたので、簡単に説明させてもらったが（もちろん日本語で）、事前にもっと調べておけば良かったと後悔した。1000年以上の歴史を持つ「天津神社」の参道脇には、備前焼の陶板が多数埋め込まれていて、その中にあった「揚羽蝶」の家紋にも留学生たちは関心を示した。これは、岡山藩主・池田家の家紋だ。備前焼は、池田家によって備前名物として保護奨励されたことから江戸時代、大いに栄えた。古くから活躍してきた窯元六姓の中から優秀な陶工を選出し、御細工人として扶持を与えて制作に専念させていたのだそうだ。

その窯元六姓の一つ、木村家の流れを汲む「一陽窯」で登り窯を見学し、女将さんに説明を受けた。岡山

天津神社の土塀を彩る塀瓦に池田家の家紋が

天津神社の参道に鎮座する備前焼の大きな獅子

県民ならば、「備前焼とはこんなもの」というイメージをお持ちだろう。備前の土を使った焼き物で、絵付けもせず、釉薬も使わず、登り窯の場合は高温で10日間くらいかけて焼き締める。炎が生み出す素朴な風合いが魅力だ。しかし、海外旅行者がイメージする「日本の焼き物」というと、有田焼（伊万里焼）や京焼のような、きれいな絵が描いてある陶磁器だ。だから、「備前焼は日本六古窯の一つで、現存する国内最古級の陶器の産地」という説明を聞いてようやく留学生たちも備前焼の歴史を感じてくれたようだった。また、備前焼は茶道との関わりも深い。留学生の1人が展示されている器を指で示して「これは何ですか?」と私に質問してきた。札には「馬上杯」と書かれている。茶碗の高台にあたる脚の部分が長く、末広状に広がっていて、まるでワイングラスや優勝カップのような形をしている。ところが恥ずかしながら私には、一体これが何の器なのか、全く見当もつかなかったので、女将さんを呼び止めて尋ねてみた。すると「元々は中国から伝わった形で、戦国時代の武士が馬上でお酒を飲むために使われていたんです。現在は、茶道のお道具として用いられています」と親切に教えてくれた。後で調べたところ、酒好きだった上杉謙信は、戦場に「馬上杯」を持ち込んでいたそうだ。知っていれば留学生たちに、これから向かう瀬戸内市に里帰りする、国宝の刀剣「山鳥毛」のことも合わせて伝えられたのに……。己の教養の乏しさを悔やんでも後の祭りである。

その後、昼食を取り、旧山陽道を通って20分ほど西に自転車を走らせ「備前長船刀剣博物館」を目指した。以前のモニターツアーで「鍛治体験」は行われていたことから、今回は、ここで解散となった。

私は長年に及ぶ取材生活の中で、岡山県内の全ての市町村に足を運んだことがあるが、外国人留学生の観光地での反応を間近で見たのは初めてだったので、とても貴重な経験を得られた。ドイツ人のモニター学生は日本語も堪能で、日本史の知識もあるようだったので、JR伊部駅前の広場に自転車を置いて旧山陽道沿いに町並みを歩きながら「この道は江戸に続いていた道なんです。江戸時代の参勤交代で、地方の殿様たちが江戸に向かう時に行列をした歴史の道」と伝えると、「おぉ！」と笑顔になって他の留学生たちに英語で説明してくれていた。さらに、「岡山の備中高松城で戦っていた豊臣秀吉が本能寺の変の後、京都に向かった際に、いろんな説はあるけれど、この道を通ったかも知れないんですよ」と言うと「それは、おもしろい！」と喜んでくれてうれしかったのだが、「もっと気の利いた説明ができればなぁ」と悔しい思いで一杯になった。というのも、彼は豊臣秀吉や徳川家康は分かると言っていたが、「戦国時代」はよく分からないと話していたからだ。

外国人観光客に日本のイメージをたずねると、いまだに「サムライ・ニンジャ・ゲイシャ」という単語が出てくるそうだ。それらは映画などで見られる「江戸時代」のイメージだ。日本人に人気の「戦国時代」や、それ以前の歴史について、ほとんどの外国人は知らないという前提で説明する必要があるのだろう。例えば、参勤交代や街道のことも、備前焼が日本の陶器の原型に近いということも、なぜ江戸（東京）から遠く離れた長船（瀬戸内市）が刀剣の重要な産地だったかについても、西欧の歴史と対比しながら丁寧に説明した方が「やっぱり岡山県に来て良かった」「一度は来なければならない場所だ」と感じてもらえるだろうと思った。すなわち、日本人旅行者に向けて書いた観光案内をそのまま訳すのではなく、外国人旅行者の興味や関心に応える形で書かれた案内文の必要性を痛切に感じた訳だ。

考え方を変えれば、国宝「山鳥毛」のように、見る者を圧倒する美術の力があれば特に解説を加えなくても良いのかも知れない。しかし、外国人旅行者が思わずため息が出るほどの美しさや佇まい、空気感など、言葉や文化の壁を超えた感動を与える魅力づくりができていたとしても、来てもらわなければ何の意味も持たない。今回のような外国人モニターの意見を大いに活用しながら、情報を整理し直し、海外向けの広報資料やガイドブック、現地の案内板の内容も見直してみてはどうかと思う。

ところで、まさかの新型コロナウイルス感染拡大により、「東京オリンピック２０２０」は延期となり、都道府県をまたぐ移動の自粛が呼びかけられ、岡山県内でも4月17日からゴールデンウィーク期間終了まで、県による外出自粛要請が出された。先述の和気駅から備前市伊部を経て、瀬戸内市長船までサイクリングするツアーも、海外向けの商品化には至っていない。

しばらくの間、インバウンド消費の盛り上がりに期待するのは難しいだろう。だが、物は考えようだ。外国人旅行者をおもてなしするための準備期間が延びたと考え、岡山県の魅力を一から丁寧に見直す時期と捉えてはどうだろうか。

長野県軽井沢町を拠点に日本のリゾート業界をけん引する星野リゾートの代表・星野佳路氏は、数多くのメディアを通じて「マイクロツーリズム」の重要性を提唱している。「マイクロツーリズム」は、地元を楽しむ旅のスタイル。星野氏の言葉を借りるなら「高度経済成長期に多く見られた保養目的の滞在型旅行」を示している。

訪日外国人旅行者だけでなく、首都圏や関西圏からの観光客も減少している今、岡山人が岡山県内を旅することで、観光産業を支えていくしかない。県民にとっても、身近な場所に新たな魅力を再発見し、「岡山に暮らしていて良かった」と豊かさを実感するチャンスでもある。これまで近過ぎて見えなかった魅力を見つけてSNSなどを通じて情報発信すれば、新たな誘客につながるかも知れないし、県内観光地の点検やブラッシュアップにも貢献できる。

マイクロツーリズムの効能は、住民参加型の観光のまちづくりができることでもある。各地の観光協会などが県民限定の割引や優待サービスに取り組んでいるのだから、これを活用して、ポスト・コロナ時代を生き抜くための「地元旅ブーム」を起こし、県内での経済循環の促進が生まれることを期待したい。

とりわけサイクリングは、いわゆる「3密回避」が可能だ。運動不足解消にも役立つ。現在のところ、和気駅前にはレンタサイクルがあるが、備前市伊部や瀬戸内市長船で自転車を乗り捨てることはできないので、和気まで自分で乗って戻る必要がある。レンタサイクルの活用には、まだまだ課題が多いが、電車に持ち込めるタイプの自転車を所有していれば、山陽本線や赤穂線（伊部駅・西片上駅・長船駅）を活用して旅の選択肢を広げられる。「片鉄ロマン街道」を北上して和気駅から湯郷温泉まで自転車で行くことも可能だ。岡山市街から伊部にある備前焼の窯元の工房まで自転車で通い、趣味で備前焼を作っている人の話を聞いたこともあるから、サイクリングを活用した観光ルートは、まだまだ開拓の余地が大きい。

ご存知のとおり、岡山県は「晴れの国」の愛称で知られ、降水量1ミリ未満の日が全国で一番多い＝雨の降る日が少ない県だ。しかも、平地が多く、山も比較的なだらかだ。気候や地形の条件は、自転車ツーリズムに向いている。あとは、自転車が安全に通れる道や休憩スポットなどのインフラ整備と、実際にサイクリングを楽しむ人によるクチコミ情報が必要だ。

県は２０１８年から「ハレいろ・サイクリングＯＫＡＹＡＭＡ」というサイクリングプロジェクトに取り組んでいる。「蒜山高原自転車道ルート」「吉備

サイクリングしながら蒜山三座や大山の雄大な姿を眺められる「蒜山高原自転車道」は全国屈指の自転車専用道路として人気が高い

2020 年、日本遺産に認定された、高梁市吹屋地区の町並み。岡山県が推奨するサイクリングコース８ルートの内の１つ「奥吉備やまびこルート」がここを通る

路自転車道ルート」など、以前から人気の高い自転車専用道路に加え、2020年に日本遺産に認定された高梁市の吹屋地区を走る「奥吉備やまびこルート」など、県内8つのサイクリングルートを推奨し、情報発信を行っている。二人乗り専用自転車での公道走行も可能としたが、外国人観光客に人気のサイクリングロードといえば「しまなみサイクリングロード」が断トツだ。広島県尾道市から「しまなみ海道」で瀬戸内海の島々を渡り、愛媛県今治市に至る。すぐ近くまで来ている外国人観光客をどうすれば岡山県に呼び込めるだろうか。

そこで、私たち岡山県民の出番だ。県内でサイクリングブームが起きることを願う。理由は、実際に自転車で県内を旅する人が増えなければ、サイクリングロードの改良や周辺観光地の魅力づくりなんて、なかなか進まないのが、岡山県だから。せっかくのサイクリングロードの未来は、県民の皆さんの心意気にかかっているのだと思うが、いかがだろうか。

「天文王国おかやま」の「月夜」は商品化できるか？

新型コロナウイルス感染拡大が最も不安視されたゴールデンウィーク（GW）直前。岡山県は、知事の発言によって全国的な注目を集めた。関西圏から県内への人の移動を抑えるため、GW中に山陽自動車道の瀬戸サービスエリアで検温を実施すると発表したからだ。インターチェンジ閉鎖にも言及したが、最終的には全て中止となった。そんな騒動のあったGW期間中、毎日、瀬戸大橋が静かにライトアップされていたことをどれだけの県民が知っていただろう。

瀬戸大橋は、2020年4月から、7月7日のクールアース・デーを除く年間364日の毎夜、点灯することになっていた。それが、実施直前になり、香川県の複数の漁業団体との合意形成ができていなかっただけでなく、十分なヒアリングもされていなかったという理由で、当面の間、通年点灯は見送りとなった。

2020年度は、前年度と同規模で週末やGWなどを中心にライトアップされている。しかし、今年の

GWは、都道府県をまたぐ移動の自粛が全国的に求められていた上、知事が検温まで実施して県外からの流入を防ごうとしていたのだから、「多くの観光客を集める」と期待されているという瀬戸大橋のライトアップは中止しても良かったのではないだろうか？

１９８８年の瀬戸大橋開通時は、年末・年始とGW期間のみの点灯だったが、１９９７年度は年間70日・３００時間という条件で点灯され、１９９９年度から２０１７年度までは年間80日・３００時間となった。瀬戸大橋が瀬戸内海国立公園の「特別地域」にあることから、景観保全のため、国と本四公団が年間の点灯時間を制限するガイドラインを取り決めたからだ。しかし、岡山・香川の両県が、開通30年に当たる２０１８年の点灯日数を増加するよう要望したため、同年度は年間１２３日に増えた。また、２０１９年度は瀬戸内国際芸術祭の開催を理由に１３６日に増加したが、いずれも年間３００時間の制限は守られていた。

２０１８年以後のライトアップ点灯を望む声が上がった背景の一つに、明石海峡大橋の累計通行車両数が、２０１７年夏、瀬戸大橋を抜いたことが挙げられるだろう。瀬戸大橋の方が10年先に開通しているから、このままのペースだと明石海峡大橋にどんどん離される一方だ。このデータから推察できることは、関西圏の観光客の瀬戸大橋離れ、すなわち岡山県離れだ。しかし、観光客の心が岡山県から遠のいたのは、「毎日ライトアップしている明石海峡大橋に比べて、瀬戸大橋は年間３００時間しかライトアップしないから」なのだろうか？

アメリカの有力紙ニューヨーク・タイムズが毎年発表する「行くべき場所ランキング」で、「２０１９年行くべき52カ所の旅行先」に日本で唯一、「瀬戸内の島々」が第7位にランクインした。その際、紙面に紹介された写真は、香川県三豊市の「紫雲出山（しうでやま）の夕暮れと満開の桜」だった。瀬戸大橋の姿はない。岡山県側からの風景でもなかった。湖のように穏やかな海面に点々と島が浮かぶ、まさに多島美を望む満開の桜と、夕日を浴びて薄桃色に染まる春霞と空の美しい写真が、選考委員の目に留まったのだという。この写真は、成田国際空港株式会社の２０１５

年カレンダーで「世界の絶景12選」として紹介されていた。

香川県西部にある三豊市は、高松市・丸亀市に次いで人口の多い都市。近年、「日本のウユニ塩湖」と呼ばれる「父母ヶ浜（ちちぶがはま）」も、「天空の鏡」というロマンチックな名称と共に、全国的な人気を集めている。干潮時の砂浜にできた潮だまりが鏡のように空を映し、空と海岸線が一体となったような、幻想的な写真が撮影できるからだ。ここは元々、塩田だった遠浅の浜で、「日本の夕陽百選」にも選ばれている。

塩田跡と「日本の夕陽百選」の二つの条件なら、実は、岡山県の倉敷市児島と瀬戸内市牛窓にもそろっているのだが、どうして世界の絶景と言われる景観にならないのか。

しかも、三豊市の東は善通寺市、西は観音寺市という立地だから、明石海峡大橋よりも瀬戸大橋の方が近い。だからといって、三豊市を訪れた人が、瀬戸大橋を渡って倉敷市児島に立ち寄ったり宿泊したりするルートが人気だという話は聞かない。それも、瀬戸大橋が通年ライトアップされていないことが原因なのだろうか？

「ねがはくは花の下にて春死なむ
　そのきさらぎの望月のころ」

これは、月と花を愛した漂泊の歌僧・西行法師が詠んだ歌だ。この西行の像が、玉野市の渋川海岸に立っている。西行は生涯で二度、岡山県を訪れている。一度目は厳島神社参拝の途中。二度目は、崇徳院御陵の墓参と弘法大師の遺跡巡礼が目的だったので、四国へ渡っている。

「ねがはくは〜」の歌は、岡山で詠まれたものではないが、「日本の美」を表すものの代表格といえば、「雪月花」だ。「花」といえば「桜」を示すので、「雪」と「花」は季節が限定される。ところが、「月」には「中秋の名月」「お月見」の風習はあるが、新月の日を除いて年中、天気が良ければ見られるのが「月」の良いところだ。多少、雲があっても、それはそれで風情がある。

「月なんて、日本のどこでも、世界のどこでも見られる」と言われるかもしれないが、どこから見ても同じなはずのに、「月」はどこで見るかによって印象も想いも変わるから魅力的なのだ。月と花と旅を愛した西行が、たくさんの名歌を残したように。

古来より、日本人は月を暦や生活に取り入れ、毎晩、眺めるのを楽しみに暮らしていた。とりわけ、岡山県は「庭園」と「茶道」にゆかりの深い県である。庭園には月を映すための池があったり、月の動きを計算して築庭されるのが常だ。岡山には日本三名園の岡山後楽園があるだけでなく、日本の庭の大家「雪舟」「小堀遠州」「重森三玲」のゆかりの地である。日本に茶道を伝えた茶祖であり、臨済宗の開祖である栄西も岡山出身だ。茶室は小宇宙に例えられるが、茶道と季節の行事は切っても切れない関係だ。しかも、岡山県は「晴れの国」であり、「天文王国」でもある。日本らしい風景や様式美の中で静かに「月」を愛でるなら、国内で岡山県ほど条件に恵まれた場所はない。雨の日が少ないから、見られる確率も高い。「天文王国」の天文台を活用し、巨大な望遠鏡で月を見ることも可能だ。課題は、庭園の夜間開園だ。しかし、瀬戸内海ならば自由に月見を楽しめる。

中でも、満月の夜の瀬戸内海の幻想的な美しさは、息をのむほどの絶景だ。月の光がスポットライトのように波を照らし、穏やかな波は黄金色にゆらゆらときらめく。場所によっては「ムーンリバー」と呼ばれる、海面に映し出される一筋の光の川を望むことができる。多島美を照らす月の神々しい光も感動的だ。世界のリゾートホテルには、「ムーンリバーの見える部屋」「月の道が見える部屋」などもあるのに、岡山県側のホテルでは、瀬戸大橋が見えることが重要視され、夜の月や多島美の魅力は見逃されてきたが、瀬戸内海で眺める「月」は商品化できるのではないだろうか。

近年、一年で最も大きく見える満月「スーパームーン」や、6月に見られる満月「ストロベリームーン」など、毎月の満月に名前をつけて鑑賞を楽しむ人たちが増えてきた。全国各地で、満月の夜に屋外で開催される「満月バー」も人気を集めている。

瀬戸内市牛窓では、「牛窓ムーンロード」が紹介されているが、玉野市や倉敷市児島・下津井の海岸線

満月の夜の瀬戸大橋（ライトアップなし）と瀬戸内海の美しさは圧巻

沙弥島（香川県）から眺めた瀬戸大橋の風景

倉敷市から望遠鏡で眺めた三日月。はっきりと見えるクレーターに子どもも大人も感動

から見る満月の美しさを知る人は少ないのかもしれない。

もちろん、満月だけではない。古来より日本人は、三日月、上弦の月、十三夜、満月を過ぎた立待月など、月に名前をつけ、毎夜楽しみに愛でていた風習がある。こういった何気ない文化、生活の豊かさこそ、海外からの旅行者に伝えたい魅力だと私は思っているのだが。

「天の海に雲の波立ち月の船
　星の林に漕ぎ隠る見ゆ」

これは『万葉集』の代表的歌人・柿本人麻呂の歌。柿本人麻呂は、瀬戸大橋の香川県側のたもとの瀬戸大橋記念公園に隣接する、現在は陸続きの沙弥島(さみじま)に立ち寄ったと伝えられており、立派な歌碑が建立されている。この歌が、ここで詠まれた訳ではないのだが、瀬戸内の風景には、万葉人の感覚を現代人に呼び起こさせる力があると思う。この沙弥島は、2019年の「瀬戸内国際芸術祭」から新たな会場となり、期間中、現代アートが展示された。島と名がついているが陸続きであり、近くには、瀬戸大橋の色を「ライトグレー」に指定した日本画の巨匠・東山魁夷の作品を収蔵展示する「香川県立東山魁夷せとうち美術館」もある。香川県がインバウンド増加率日本一なのは、長年にわたり、うどんだけじゃない魅力づくりにきめ細かく取り組んできた結果だ。瀬戸大橋の通年ライトアップに頼らずとも、観光客は減っていないどころか増えている。

民間調査会社が行った「都道府県魅力度ランキング2019」では香川県33位、岡山県39位、「観光意欲度（観光で行きたい都道府県）ランキング2019」は香川県20位、岡山県38位だ。岡山県は長年、PR下手、プロモーション下手と言われ続けている。魅力度ランキングの結果を真摯に受け止め、プロモーション全体をしっかり見直すように、関係団体だけでなく、県民からもアプローチが必要なのではないだろうか。そして、瀬戸大橋のライトアップなど、人工的な仕掛けだけに頼らない、岡山県の根本的な魅力づくりについても改めて考えてみたい。

日本の子どもの9割が「天の川」を見たことがない？

2019年の夏、女優の永野芽郁さん（当時19歳）が七夕に関連したCMキャンペーンの会場で、天の川について記者たちに、「空に川があるって、どういうこと？　私の友達はみんな知らないと思います。天気が良ければ見られるんですか？」と言ったことがインターネットのニュースで伝えられた。彼女は、「天の川は絵本や空想上の世界の話で実在すると思っていなかった」そうだ。実は、これは笑い事ではない。2016年に株式会社ウェザーニューズが運営するアプリ「ウェザーニュースタッチ」会員を対象に、「天の川を見たことがあるか」という内容のアンケートを行った。その結果、「1万2874人の回答者のうち45％が『ない』と回答した」という。株式会社セガトイズ（東京都）が2017年に全国の3～12歳の子供を持つ親600人に行った「天の川」に関する実態調査では、「3～12歳の子供の7割が『天の川』を知っているが、見たことがあるのは1割未満だった。小学生に限定すると、天の川を知っているのは8割に上るが、天の川を見たことがあるのは1割未満。親世代でも天の川を見たことがある人は3割未満」。そして、「子供が天の川を見たことがない」と回答した親の9割が「天の川を子供に見せてあげたい」と回答した」という。

井原市美星町は「星空保護区」認定を目指し、光害対策型の屋外照明を導入するための資金を、2020年1月14日から2月28日までクラウドファ

日本最大級の188cm反射望遠鏡を備える国立天文台ハワイ観測所岡山分室。普段は研究者のみが利用でき、最先端の研究が行われている

ンディングで募り、目標金額200万円の3倍に近い596万8000円の調達に成功した。美星町は、1989年に国内初の「光害防止条例」を制定し、「美しい星」の名前にふさわしい星空を守り続けている。また、天文学者が選ぶ「日本で一番綺麗な星空ベスト3」に選ばれたことから「日本三選星名所」としても知られている。

「星空保護区」とは、光害のない暗く美しい空を保護するため、環境学者や天文学者でつくるNPO国際ダークスカイ協会によって設立された認定制度。世界の95カ所が認定されており、日本では2018年に初めて、沖縄県の八重山諸島にある「西表石垣国立公園」が認定を受けた。アジア全体でも2番目の認定だ。国内で次に認定を目指しているのは、東京都の神津島と井原市美星町だ。美星町が認定を受ければ、本州初となる。

一方、国立天文台の施設で、多くの太陽系外惑星を発見するなど、重要な観測成果を上げ続けている188センチ反射望遠鏡や、東アジア最大級の口径を誇る京都大学岡山天文台「せいめい望遠鏡」が立地する浅口市は、2018年4月1日から「日本一の天体観測適地を守る条例」を施行。同市は、同年から、188センチ反射望遠鏡の一般向け観望会を開始し、2019年度から貸切利用（国内最大級の望遠鏡を使い貸切で天体観測できる）を開始した。岡山の「星空ツーリズム」は、静かに動き始めている。

「天文王国おかやま」の呼称もあり、星空環境整備に動き出す自治体がある中で、岡山県は瀬戸大橋の通年364日のライトアップを求めた。橋を管理する本州四国連絡高速道路株式会社（以下、本四高速）と岡山県・香川県・有識者でつくる「瀬戸大橋橋梁照明の在り方検討委員会」は関係者に対するヒアリングを5回実施。ところが、参加者は観光関連団体、地元商工会、天文関係者等、限定的であったため、アマチュアの天文愛好家や星景写真家などが「一般県民の意見が反映されていない」として2020年1月、同ワークショップ参加者から事情を聞くために集まり、私も同席した。天文関係者の話では、天体観測に影響を及ぼす「光害」の懸念は払拭できないものの、委員会側から「1年間の試行後に再協議の場を設ける」という条件が出され、それ以上、何も言えなくなったそうだ。そのため、環境省には「瀬戸大橋の明かりは直接、天体観測に影響を及ぼすとは言えない」と伝わってしまったのだろう。ライトアップ推進派に押し切られてしまったのだと私は感じた。しかし、香川県の漁業団体が「合意が形成できていない」と異を唱え、結果として通年点灯は見送られた。倉敷市は2020年7月17日、内閣府の「SDGs未来都市」および「自治体SDGsモデル事業」に選定された。国連の「持続可能な開発目標（SDGs）」達成を目指し、エネルギー問題や自然環境保全を含めた持続可能なまちづくりに取り組む。また、岡山県は2050年までに二酸化炭素の排出量を「実質ゼロ」にすると宣言。県も倉敷市も、環境問題に取り組むと決めたならば、ライトアップ延長に関して今後、より広く県民や市民に意見を求めて欲しいと思う。

なお、瀬戸大橋が365日のうちで唯一点灯しない予定だった7月7日は「クールアース・デー」。環境省が温暖化防止を目的にライトダウンを推奨しているからだ。ライトアップが温暖化につながることを知りながら、ライトアップの大幅延長を求めることに私は大きな矛盾を感じるが皆さんはどうだろう。

瀬戸大橋の岡山県側のたもとに広がる倉敷市児島地区は、ジーンズの聖地で全国的に知られている。かつて「ジーンズ」は若者ファッションの代名詞であったが、今は若者の「ジーンズ離れ」が深刻だ。国内全体のジーンズの売上も低迷している。いろんな背景はあるが、理由の一つに地球環境の変化に伴う温暖化の影響は否めない。近年は、4月や5月でも気温30度を超える日がある。真夏の気温は40度近い。暑くてデニムを着られない期間は確実に長くなっている。

アパレル産業やファッション業界には今、環境・社会・経済に対する最大限の配慮が求められている。ファッションの聖地・パリでもミラノでも「サステナブル」は避けて通れないテーマだ。それなのに、ジーンズの聖地で瀬戸大橋が通年点灯に踏み切ることは、児島地区にとって本当に良いことなのだろうか。

同委員会は、瀬戸大橋ライトアップ延長による年間の経済波及効果の試算は、香川県側が27億4千万円、岡山県側が20億8千万円と公表した。２０１９年度の「おかやまマラソン」実質2日間の経済効果の実績が17・1億円なのだが、この数字をどう比較判断すれば良いのか、試算の内訳も公表して欲しいと思う。

岡山県の総観光客数がこれまでで最も多かった１９９７年は「倉敷チボリ公園」が開園した年だ。同年に岡山自動車道が全線開通したことで、山陰・瀬戸内・四国が瀬戸大橋と高速道路で縦断できるようになったことが、岡山県への流入客数を伸ばした。

ここで、外国人旅行者の気持ちになって考えてみよう。海外から飛行機を利用して岡山県に来たら、県内だけを観光して帰るのはもったいないと思わないだろうか。数日間、日本に滞在するなら、香川で讃岐うどんを食べて、鳥取砂丘も見たい、できれば神戸や大阪、京都に足を伸ばしたいと思うのが一般的ではないだろうか。

以前、岡山市内で外国人旅行者向けの宿泊施設を営む経営者にインタビューしたのだが、その方は、「岡山に宿泊して広島や山陰、四国などを旅する外国人旅行者が増えました」と言っていた。岡山県は交通の要衝だから、岡山に滞在すれば、いろんなところに日帰りで行ける。つまり、西日本観光のハブになれるのだ。それならば、観光情報発信の面でも、岡山県のホームページを見れば近県の情報も入手できるぐらいの思いやりを持った情報提供があっても良いのではないか。とりあえず岡山に行けば、関西にも四国にも広島にも鳥取にも行ける。そういうイメージを作

小堀遠州の初期の作庭による、国指定名勝「頼久寺庭園」

ることで、西日本観光の拠点を目指してはどうだろう。周辺をアピールすることで、「岡山って広島の西かな？　山口の向こうかな？」などという、「岡山県がどこにあるか分からない問題」は解消することもできる。

備中松山城の猫城主を務める「さんじゅーろー」の人気で入場者数が大幅に増えた

２０１８年の観光庁統計によると、日本の観光需要25～26兆円のうちの80％にあたる20兆円強が、日本人による観光だった。インバウンドは4・5～5兆円だ。年間１５００万人もの日本人が海外旅行に出かけているが、今年は新型コロナウイルスの影響で海外旅行を断念して国内旅行に向かう人が増えると考えられている。もちろん、県内にも多くの潜在旅行需要があるはずだ。修学旅行も来年以降、多くの学校が行き先変更を検討するだろう。

岡山県観光連盟は、２０１９年の岡山県の観光事業功労者として、高梁市にある備中松山城の猫城主「さんじゅーろー」を選んで表彰した。２０１８年の西日本豪雨の影響で激減した観光客数をV字回復させた功績が認められたからだ。

コロナ禍で苦しんだ２０２０年以後、岡山県の観光産業をV字回復できるかどうかは、県民の肩にかかっている。どの都道府県にも負けない「地元旅ブーム」を起こし、県民の愛情と、厳しさを兼ね備えた審美眼で、県内各地の観光地を点検しつつ、応援していきたい。

幕末異界往還記（篤胤と天狗小僧）

今西宏康

「幽冥界からは現世の人々の行いはよく見えるが、こちら現世からはその幽冥界を見ることはできない。それを喩（たと）えれば、灯火を一室に置いた時、暗い外から明るい中の方はよく見えても、明るい方から暗い外は見えないようなものである」

（平田篤胤『霊能真柱（たまのまはしら）』より筆者訳）

一　文政三年

徳川時代も終盤、十一代将軍家斉（いえなり）治下の文政三（１８２０）年十月初めのことである。

江戸は湯島天神の男坂下、国学者平田篤胤（あつたね）の寓居に彼の先輩国学者屋代弘賢（やしろひろかた）が勇んでやって来た。巷（ちまた）で噂（うわさ）の〝天狗小僧〟に会いに行こうというのである。屋代は還暦を過ぎた老人だが極めて意気軒昂、最近は上野不忍（しのばず）池近くに蔵書数万冊を納める書庫を建てたりして鼻息も荒い。ちなみに篤胤は当時四十代

天狗

半ば、本居宣長門下の鬼才として既に一門中の領袖であった。

「薬種商山崎美成の邸に、巷で〝天狗小僧〟と恐れられる少年が逗留している。名を寅吉というそうだが、彼が語る天狗の世界の話は篤胤どのの異界の説とほぼ一致する！　どうかな、これから山崎の所へ行ってその天狗小僧に会ってみんか？」

　日頃幽冥界の研究にも熱心な篤胤は目を輝かせた。丁度学友の伴信友が来合わせていたが、この際彼には平田家で待ってもらい、この日二人は山崎邸まで馳せ参じたのである。これが篤胤と天狗小僧寅吉の出会いとなった。

　山崎邸は湯島からそう遠くない下谷長者町にあった。道中息を切らせながら篤胤は屋代に訊ねた。

「幽冥界に行つたことのある者は、たいてい向こふの世界のことは教へてくれません。何か訳があるのでせぅが、その少年は違ふのでせぅか？」

　屋代の答えて曰く
「うむ、貴殿の言う通り異界の話は中々聞き出せないものだ。何か障りがあるのであろう。しかしこの〝仙童〟寅吉は包み隠さず何でも語ってくれるそうだ……異界の秘密もいよいよ公開してもよい御時勢になったとみえる。篤胤どのもしっかり聞き出すがよかろうぞ……」

　山崎邸で篤胤が出会った少年寅吉は三白眼の異相で、つんつるてんの絣の着物を着ていた。彼は篤胤たちを珍しげに見つめるのみで碌に挨拶もしない。主の山崎美成が見かねて「お辞儀しなさい」と言うと、実にぎこちなく頭を下げた。現代風に言えば社会生活の苦手な「発達障害児」といったところであろうか。

医者でもある篤胤はまずこの寅吉の脈をとり、腹を診た。脈が少し細かったが他に異常はない。心身の病(やまい)ではないことが分かったところで、彼は早速寅吉への問診を始めた。篤胤の問診術は今で言う臨床カウンセリングであり、二人の問答は同席した屋代らを驚嘆させずにはおかなかった。

篤胤の寅吉への問診(カウンセリング)は連日行われた。色々な関係者が同席したが、ある日篤胤は幽冥界の類(たぐい)など一切受け付けない近江の発明家国友能当(よしまさ)を同席させた。国友は「空気銃」を開発したことで知られていたが、この日寅吉は天狗から教わった「気炮」の話をした。天狗の使う「気炮」のつくりは国友の「空気銃」そのものであり、仰天した国友は、それ以来熱心に寅吉に教わるようになったという。

やがて篤胤は、ほとんど拉致に近い形で寅吉を山崎邸から連れ出し、湯島の自宅に住まわせるのである。この当時屋代、伴、国友らの他農政学者佐藤信淵(のぶひろ)、易学者倉橋勝尚(かつなお)、医師の山田大円・臼井玄中、水戸学者の立原翠軒(すいけん)などが篤胤の自宅で寅吉と交流した。彼等はいずれも当代一流の知識人だが、現代人には無いスピリチュアルな感受性を共有していたのである。寅吉は彼等の専門的な質問にも当意即妙に応答し、一同を驚嘆させた。

しかし、連日となると天狗小僧寅吉もいいかげん彼等知識人の相手をするのがうっとうしくなった。実家に帰ると言ってだんだん不在の日が多くなり、篤胤の家に住み込んでから半年もするとたまにしか姿を見せなくなった。ある日篤胤が寅吉を呼びに下谷七軒町の実家へ出向くと、寅吉の両親も知らないという。あぁきっとまた天狗様の所へ行ったんでしょう、と既に諦めている様子で

寅吉

ある。篤胤も観念したことであろう。……ともあれ篤胤と寅吉の付き合いは、途中途切れながらも結局篤胤自身の帰幽まで続いた。（その後幽冥界でどうなったかは残念ながら分かりかねる）。

二　令和元年

令和元（２０１９）年10月22日、東京は皇居正殿松の間において第１２６代天皇陛下の即位礼正殿の儀が挙行されていた。

松の間正面には、京都御所から運ばれた高御座。その中に黄櫨染の〝袍〟（古代中国由来の宮廷上衣）を召された天皇陛下、向かって右手の御帳台には、白を基調に各色重ねた唐衣（十二単）をお召しの皇后陛下。両陛下の左右脇には皇嗣様、皇嗣妃様を始め親王、親王妃、内親王、女王。さらには宮内庁長官、侍従長、侍従そして女官長と女官達。参列者は内閣総理大臣ら三権の長、各国要人。中庭には色とりどりの旛旗と雅楽器が並び、古式装束の官庁職員達……。この日は祝日とされて一般国民はテレビ等を通じて視聴（拝見？）していたが、虚空からその儀式を眺めている少年がいた。

「なんと、親王様はお一人かい！　それも車椅子の老人……」

少年の名は寅吉、三白眼でつんつるてんの絣の着物を着ている。年恰好は15、6歳位か……彼は時空を超えて見物に来ていたのだ。いや、正確には魂だけが来ていた（だから一般人には姿は見られない）。寅吉には幼い頃からいわゆる超能力が備わっており、家族など周りの人の身辺について正確な予言をしたり、時々〝天狗のところへ行く〟と言って消えたりするので家族も持て余し、やがて周りから〝天狗小僧〟と呼ばれる様になったのである。

「……皇族はおなごばかりではないかぃ！　皇子は？　……へ、おいらより小さいのが一人いるだけ？　どうなってんですかぃ？」

　寅吉は驚きあきれつつ一応最後まで儀式を見物したが、パレードが無いと分かると興を醒まして〝江戸〟へ戻ってきた。

「寅吉、どこへ行つておつた？」

　ここは再び江戸は湯島天神男坂下、国学者平田篤胤の住居。辺りは下町らしく小さな家ばかりの町並み、その住居も〝国学の大人〟の家にしてはこじんまりとした寓居である。主の篤胤は小さな庭に面した縁側にいた……白目を剝いて仮死している寅吉の傍で〝帰還〟を待っていたのである。

「織瀬、神水を持つてきておくれ！」

　篤胤は息を吹き返した寅吉の顔付きを見て、妻の織瀬に神棚の水を持って来させ寅吉に飲ませた。

「何か凄いものを見てきたやうだな？」と篤胤。

「へぇ、……先生、恐ろしい世界を見ました」と寅吉。

「ふむ、この度は地獄へでも行つておつたのか？」

「いえいえ、ざっと二百年ほど先の世界でさぁ」

「この御国のか？」

「へぇ、未来の天子様のご即位を祝う式典を見たんでさ」

「ほう、それはまことに目出度い場面ではないか！　我々などまず拝むことは叶はぬ。それを恐ろしいなどと云ふ奴があるか」

　篤胤は寅吉少年をたしなめたが顔は笑っている。寅吉の方はさらに顔を上気させて報告を続けた。

「それが先生、天子様と皇嗣？　様の他に親王様はお爺さん一人だけなんですぜ！　あとは小さい皇子が一人、男の皇族はそれだけ」

「何、御即位の儀式においてか？」

「へぇ、いや皇子は小さいもんで儀式にも出してもらってねぇ……」

「内親王や他の皇女は？」

「おなごの皇族はたくさんおられましたぜ」

篤胤は寅吉の三白眼を見据えて頷（うなず）いてから

「内親王が何方かおられるなら女帝に立てられるから心配はいらぬ。先般も桜町院（後桜町女帝）が大役を果たされた……しかし皇子がたつたお一人では心許（もと）ない、宮家はおられなかつたのか？　閑院宮家とか」

「宮家もおなごばっかりでしたぜ」

「何、それはまことか？」

「へぇ」

　篤胤は腕を組んで庭を眺めながら少し考える風だったがやがて答えを出し始めた。

「……宮家にも男子がゐないとなれば、いよいよたつたお一人の皇子に皇国の命運が託されることになる。今の公方様のやぅに子種が豊富なら良いが、禁中の高貴な皇子様方は**えてして**その反対だ、血が濃過ぎるのだらう。だから宮家を置いて備えてゐたはずなのだが……。万一の時になつて、上古の継体天皇の時のやぅにどこかから縁者を連れてきて継がせる訳にもいくまい、天一坊騒動みたいになりかねんからな。やはり女帝に頼るしかあるまい……」

　しかし寅吉は色々と悲観的なことを報告した。

「それが先生、おいらが聞いた話じゃ未来では女帝は禁止されてるそうですぜ」

「なぜだ？」

「さぁ、公方様のまねをしたんじゃねぇんですか？」

「馬鹿なことをいふでない！　帝と将軍では比べやうがない、将軍など阿倍比羅夫や坂上田村麻呂以来帝の臣に過ぎぬではないか。確かに女将軍といふ前例は無いが、そもそも皇国には女帝の伝統はあつた……記紀では天皇に数へなかつたがかの神功皇后などは本当は女帝といふべきなのだ！　以後歴代の女帝を顧みればむしろ女帝の時代の方が皇国は充実してゐたとも云へる……」

「それから先生、天子様は男系でないとだめなんだそうですぜ」

「……それは一理ある、女帝がお子を産んだ例（ためし）はないからな。おろしあや西洋は別だが……」

「ところで先生……男系女系てどう違うんですかぃ？」

「はは……なんだ、知らぬまま使つてゐたのか？　いやよくあることだ。……一言で云へばな、父が天皇なら男系、母が天皇なら女系といふのだ。……しかし元を辿（たど）れば、我が御（お）国の皇室は女系から始まつてゐる！」

　寅吉の三白眼が篤胤を見つめた。

「へ、よくわかんねぇ……」

「つまりだな、この大日本国の皇統は天照大御神（あまてらすおおみかみ）、つまりおなごから始まつたといふことだよ」


　二人の問答はさらに続いた。

「先生、要するに、お伊勢様（天照大御神）の産んだ子の子孫が今の皇室って訳で？」

「さうさう、だから天照大御神は蘭学風にいへば〝ごっどもでぁ（ゴッドマザー）〟、つまり我々日本人の〝偉大なる母〟といふ訳だな。大御神は五柱の皇子をお産みになられたが、その長男が天忍穂耳尊（あめのおしほみみのみこと）、そのまた長男が瓊々杵尊（ににぎのみこと）。

天界の天照大御神は嫡孫である瓊々杵尊を日向の高千穂に降(くだ)らせ賜(たま)はれた、それが今の皇室の始まりとなるのだ」

「その話はよく聞かされましたが、先生、じゃぁ一つ質問です！　天照大御神の産んだお子達の父親は誰なんで？」

「そんなこと知るものか」

「でもおなごだけじゃぁ子供は作れねぇ……」

「鋭い指摘をするな君は、ははは……いや、確かにこの世の生きとし生けるものは凡(すべ)て男女といふか陰陽の和合の結果生じてゐる。皇祖とて例外ではないと云ひたいところだ。しかし本居(もとおり)先生などはそこまで云はれなかつた、記紀を読む限り天照大御神の夫といふのは出てこないからだ。五柱の皇子にとつて天照大御神は〝未婚の母(アレスタンデモデァ)〟といふ訳だ。父親など誰でもよい、大御神の子であることに意味がある。さぅしてみれば男系にこだわる理由は無くなるのではないか？　……基督(きりすと)教にも〝処女懐胎〟といふ神話があるが、西洋(あちら)にも我が皇国の教えが伝わつてゐたといふ訳だな……」

「……先生、〝皇国〟って言うのはやめた方が
　いいみたいですぜ、その……未来では」

「なぜだ？」

「なんでも百何年か後に世界大戦てぇ大いくさがあって、この国はそれに負けたんだそうで……それで反省として〝皇国〟って言うのをやめたんだそうで……」

「大日本がいくさに負けた？　どこに負けたのか、おろしあか？」

「いやそれが、なんでも世界中を敵に回して戦ったそうで……そりゃあ勝ち目はねぇ」

「聞き捨てならん！　寅吉、それはしかとまことか？」

「へぇ、しかとまことで……」

「……何たることだ！　私の予感は的中したといふことか……それで、時の帝はいかがあいなつた？」

「天子様にはお咎(とが)めは無かったそうです。でも『人間宣言』てぇ詔(みことのり)が出されて、その後天子様を生き神様みたく奉っちゃいかんって具合になったんだそうで……だから『皇国』とか『大日本』とかって言うのもご法度(はっと)になったんでさ」

「……ふぅむ、さぅいふことなのか」

「へぇ」

「でも皇室が残されたのはやれやれだ、洋の東西を問はず国破れれば山河しか残らぬと云ふからな。それで今日お前が見た御即位の式典といふのは件(くだん)の大戦(おおいくさ)のあとのことだらう？　第何代の帝かは存ぜぬがひとまず目出度いことだ……しかし寅吉、皇太子たる御方はおられなかつたのだな？」

篤胤は目を光らせて質問を続ける。

「へぇ、今日拝見した天子様にはご息女いや内親王様しかおられなかったですぜ」

「なるほど、それで天子の弟君が〝皇嗣〟といふ訳か。しかも次の世代の皇子はたつたお一人とな？」

「へぇ、全体に子供の数が減ってまして、天子様の側室てぇのも廃止されてるんだそうで……」

「ふうむ、ではいよいよの時は女帝を立てるしかなからうな……」

篤胤と寅吉の問答は堂々巡りだった。埒(らち)が明かぬと気付いた篤胤は質問を打ち切って寅吉に次の課題を与えた。

「よし、寅吉よ、今度異界へ行く時は今日見てきた帝の二代あとの時代を見て参れ！　どの様な御方が帝位にあらせられるか……をな」

寅吉は何やら難しげな顔をしたが、それでもへぇ、という返事をしてどこかへ消えた。

三　昭和二十二年

昭和二十二（1947）年秋のある日、東京渋谷の國學院大學神道学大教室では、痩身で異様に眼光の鋭い老教官が講義を行っていた。文学部教授折口信夫である。

既に戦前から学界に特異な存在感を示してきた〝当代きっての碩学〟の講義とあって、教室内はほぼ満席であった。そもそも折口の担当教科は国文学、民俗学、神道学等々多岐にわたるが、彼の講義ではどの教科であっても折にふれ彼一流の「思想」「理念」というべきものが示唆される。結果、折口の講義には、表向きは静かながらも彼ならではの凄みというか求心力があり、教室内の緊張感も只ならぬものがあった。

「……我々は、神々がなぜ敗れなければならなかつたのか、といふ理由を考へなければならない。それなくしてはいくら憲法を書き換へても日本の社会は再建できない……」

この日は「神道宗教化の意義」というテーマでの講義であった。折口の烈々たる講義は続いた。

「ついに〝神風〟は吹かなかつた。むしろ〝武運〟は向こふ側に付いてゐた。軍国主義が標榜した日本の神々は

水虎像を前にする折口信夫（國學院大學折口博士記念古代研究所所蔵）

キリスト教の神に敗れたといふことになる。……しかし我々は本当に神々を信じてあの戦を戦つたのだらうか？　否、我々は〝信仰の形骸〟を持つただけで、実体としては神々を信じてゐないまま戦を始めてしまつたのだ！　軍部には重大な責任があるが、付いていつた我々銃後の国民も大いに反省しなければならない。一言でいへば〝礼譲〟といふものを日本人は失つたのだ。あのキリスト教を背負つたアメリカの若い兵士達の方が、正しく神を信じてゐたからこそ武運にも恵まれた、といふことではないだらうか？」

固唾を呑んで聞き入る聴講生の中に、一人白目を剥いて固まっている学生がいた。偶々小柄な学生だったので周囲には気付かれなかったが、実は例の寅吉がこの学生の肉体に憑依していたのである。

（冥界でも高名な思想家と聞いて講義に忍び込んではみたが……結局敗戦から立ち直ろう！　ってぇお話か？）

折口の講義は終盤に差し掛かっていた。終盤になると折口の眼光は和らぎ口調もいくぶん物静かになった。

「昔のことは正しい。ここでいふ〝昔〟とは古代以前のことですが、この〝昔〟の考へ方が解明されなければならないと考へます。文献としては記紀万葉までしか遡れないが、民俗学といふ方法ならさらに古いことどもを知り得ます。しかし、文献学・国文学にしても、民俗学にしても、あくまでも手段であつて目的ではないのです……」

（うん、篤胤先生も似たようなことを言ってたな……）寅吉は白目の学生に憑依したまま折口の講義を聴いている。

「神道は儒教、仏教に取り込まれて今に至つてゐます。幕末期に平田国学が神道を改革しやうとしましたが、結局明治政府の宗教統制の前に挫折してしまつた……島崎藤村の『夜明け前』に描かれているやうに」

（何なに、どういう意味でぃ？）

「むしろ明治維新以降は教派神道の方が宗教としてそれぞれ形を成した。旧来の神道界は教派神道を毛嫌ひするが、宗教的情熱といふ点では、我々は教派神道に謙虚に学ぶ必要があります」

（教派神道？　金神様とかのことか？　天理王なんてぇ神様もいたな……）

「この度の敗戦によつていはゆる『天子即神論』は瓦解しました。しかし天子様は〝人間〟と宣言されて残つておられる。神道もこれからは天皇制と切り離して、再び政治的に利用されぬやうに基礎的理論を持たなければなりません。『神道宗教化』とはこれを指して謂ふのです。但し、基礎的理論といつてもそれは戦時中一部で流布した〝法華神道〟のやうなものになつてはいけません……」

（法華神道？　満州事変をやった石原参謀が凝っていたあれかぃ）

「平田篤胤先生があと五年ぐらゐ江戸で活躍されてゐたら、日本の『神道宗教化』への道筋が開けたかもしれません。……いや、今は繰言はやめませう。『神道宗教化』によつて日本社会に秩序と潤ひを取り戻すことは、敗戦後を生きる我々国学の徒の使命であると私は信じるのです」


折口の講義が終わった。教室では自然に拍手が起こっていたが、その拍手の喧騒を潮に寅吉は〝白目学生〟から離れた。途端、件の学生は正気に還って目を瞬かせ、丁度大教室を出て行く折口を呆然と見送るのだった。

折口は教室を後にすると、ふと上を向いて
「篤胤先生によろしく、」とつぶやいた。

（なんだ、おいらが聴いていたのを知っていたのか！）

寅吉は折口の頭上で浮遊していたが、改めてカリスマ的国学者折口を畏怖した。同時に、寅吉はこの際思い切って折口に問答を挑もうと思った。折口の『女帝考』という最新論文を知っていたからである。

寅吉は霊力を振り絞って折口に声を掛けた。そもそも異界（かくりよ）と現世（うつしよ）を跨（また）いで交信することは通常困難で、現世では千人に一人とも云われる霊的素質の持ち主にのみ異界からの声が届くのである。

「折口先生！」

寅吉の声に向かって折口は立ち止まって耳を澄ます風であった。

（お、さすがは当代一の国学者、通じたか！）

しかし折口は特に返事はせず再び大学正門の方へ歩き出した。

（ありゃ、……でも確かに手応えはあったぞ……）

寅吉は諦めず折口の後を追うことにした。折口は大学正門を出ると通りを東の方へ向かった。渋谷の駅とは逆の方角である。寅吉もふらふらと虚空（そら）を舞いつつ後を追うと、ほどなく左手に小さな公園があり、折口は生垣で囲まれたその公園の中に入っていった。

折口は公園内の芝生に腰を下ろし、上着のポケットから煙草を取り出して吸い始めた。

（おや、煙草なんか吸うんかぃ……しかし寂しそうな吸い方……）

虚空から寅吉が観察しているとふいに折口が眼鏡をはずしながら喋（しゃべ）った。

「……君は篤胤先生の『仙境異聞』に出てくる寅吉君やな？」

（あっ、やっぱり見えていなすった、この人は！）

さすがの寅吉も怯（ひる）んだが、とっさに「はい」と返事をしていた。（もちろんその声は普通の人には聞こえない）。

折口は眼鏡を掛け直すと眼光鋭く寅吉と会話を始めた。

「君のことはあの本で読んで知つてる。文化文政の頃天狗の弟子になつて筑波山の辺りで修行したんやろ？」

「へぇ、今でも修行中でさぁ」

「私の講義を聴ひてだう思つた？」

「へぇ、何せ時代が違いますんで詳しいことは分かりゃしませんが、何かこう鬼気迫る凄みってのを感じました……」

「〝鬼気迫る〟か、褒めてくれておおきに、ありがたう」

「……恐れ入りまして……」

「君は篤胤先生の所に居るんやないのか？」

「え？　へぇ、今は篤胤先生の、その『仙境異聞』てぇ本のために音楽のおさらいをしたりして……」

「音楽？　あの『七生舞』のことか？　それやつたら是非とも聴ひてみたいな……君はできるんか？　楽器とか」


「七生舞」というのは、仙境での寅吉の師匠である天狗達が祭典時に行うという伝統芸能で「御柱舞」とも言われる。平田篤胤は文化十三年常総の鹿島・香取に詣でた折、偶然発掘された古代の石笛（現代のオカリナに似ている）を手に入れたのだが、従来の日本の笛と全くつくりが違うこの笛こそ七生舞の楽器であると「鑑定」した。数年後寅吉と邂逅後、彼から七生舞について熱心に聞き取って『仙境異聞』書中に紹介し、別に何枚も図面を作り最後は有名な色彩画『七生舞之図』を仕上げている（国立歴史民俗博物館所蔵、これは一見の価値がある）。


「楽器？　できますぜ。おいらがこしらえた笛の話知ってましょう？　吹き方なんかも皆に教えたんですぜ」

「あぁ……さぅやつたね。篤胤先生は相当『七生舞』に入れ込んでおられたやぅやな、いや、その気持ちはよぅ分かる……ところで君、私に聞きたいことが何かあるんやないのか？」

折口は近親者には郷里の大阪訛り（なま）で話しをする。いわゆるハレとケの使い分けであろうか？

寅吉は単刀直入に尋ねた。

「えー、折口先生は女帝に賛成ですか？　反対ですか？」

そこからまた二人の問答となった。

「女帝て、女性天皇のことか？」

「へぇ、折口先生は『女帝考』ってぇ論文を書かれたでしょう？」

「あぁ、去年の秋にね。君はあれを読んだんか？」

「いや、そこまでの頭脳はありゃしません。知ってるのは題名だけで……すみません」

折口は初めて表情を緩めて語り出した。

「寅吉君……あの論文は過去の女性天皇などについて紹介し、その歴史的意味合いについて解説したもんや。賛成とか反対とかまで踏み込んではおらん。……だからまだ未完成なんや、あの論文は」

「ふぅん」と寅吉は不思議そうに息を吐（つ）いてから

「ではその、〝女性天皇の歴史的意味合い〟てぇのは？」

と質問した。折口の答えて曰く

「うーむ、それは話せば長（なご）うなるが……まぁ簡単に云へばやな、上代では、神のことばを取り次ぐのが〝至高（すめら）御言（みこともち）〟のお役目やつた。せやけどさういふことは大体男より女の方が得手（えて）なんや。せやさかい今でも神社にはたいがい巫女さんが居てなさるやろ。そんな次第で上代ではかなり長い間男女が二人掛（がかり）で〝至高御言〟のお役目を果たしてこられた。もちろん表に出て民を導くのは男の方や。……神功皇后や飯豊皇女は例外的に表に出られて活躍されたが、結局〝女帝〟にまでは成られんかつた、『万葉集』では〝中皇命（なかつすめらみこと）〟て云ひ表してゐるが……。しかしついに女が玉座に即かねば治まらん時が来た、皇室として蘇我氏を抑え込むためやろな。そこで立たれたんが推古女帝であつて、元々この御方は欽明天皇の皇女で炊屋姫といふ。敏達天皇の皇后であり至高御言の巫女役でもあつた。拠所なき事情で女帝となられたんが御齢40歳の時。……さて実際この最初の女帝の時代は聖徳太子も居てはつたから甚く平和で文化が栄えたえぇ時代やつた。せやから『古事記』もめでたい推古天皇記で終はるんやろな。つまりここで日本人は女帝の〝成功体験〟を持つたといふ訳や。……その後皇極・斉明、持統、元明、元正と優れた女帝が続いた。途中に舒明とか天智天武とか男帝もゐてはつたけど、やつぱり推古以降は〝女帝の時代〟やつたと私は思ふ」

（確かに薀蓄が長いわぃ……）と寅吉は少し辟易していたが、折口の話はまだ終わらない。

「……只な、既に推古女帝の頃から仏教が皇室にも入り込んで来てたんやが、奈良朝になるとそれが神道を圧倒するやぅになつてきた。聖武天皇の時代になるともう仏教一色みたいになる。全国に国分寺と尼寺を建てさせ、都には大仏を造らせた。そんなんやからもう神の言葉を取り次ぐ必要も無うなりかけた……そんな中で立太子され、即位されたんが孝謙女帝や。後に重祚して称徳女帝となられるが、この御方で〝女帝の時代〟は終はる」

　寅吉が反論した。

「折口先生、江戸幕府の時代にも女帝はいますぜ」

　確かに江戸時代、明正、後桜町と二人の女帝が立ったが、この御二人は明らかな〝つなぎ役〟であり、上古の女帝達に比べると存在感に乏しい。ただ御二人とも〝皇位の安定的継承〟のための重要な役割を担っていた。むしろ、明正、後桜町の両女帝の歴史的意味合いは、その退位後の存在感にこそ見出せる。特に18世紀後半に立たれた後桜町女帝は甥（後桃園天皇）に譲位後も上皇としてその後二代の天皇を見守り、現皇室の始祖となった光格天皇を終世後見した功績は見逃せない。

「寅吉君、江戸時代の両女帝は云はば〝つなぎ役〟やからね。確かに女帝には違ひないけど、既に〝至高御言（すめらみこと）〟つまり御神意の伝達といふお役目自体全く形骸化してゐた時代のことや、上代の女帝の方々とは比較にならへん」

　寅吉は食い下がった。

「先生、じゃあ質問です！　なんで孝謙称徳の女帝で〝女帝の時代〟が終わったんで？」

「仏教や」

「へ？」

「さつきも云ふたやろ。6世紀に百済から仏教が伝来して、推古女帝の頃には四天王寺や法隆寺が作られた……神々は仏を受け入れたが、仏のお姿は光輝（かがや）いて神々を圧倒した。私はその歴史的宿命を『死者の書』に描き出さうとしてるんやけどな……。とにかく神々は仏にとつて代わられていつた。一方仏教の方は、奈良朝の聖武天皇の時代に最盛期を迎へた」

「そいつはさっき聞きましたね」

「さぅや、そして称徳女帝の時に道鏡が登場して皇統が絶たれかけた。皮肉なことに、仏教を篤く敬つた女帝御自身が亡国のきつかけを作つてしまはれた……この話は知つてるやろ？」

「へぇ、そりゃ有名ですから。道鏡の〝巨根〟の話……」

「えげつない話にされてしもたわな……殊（こと）に江戸の庶民はえげつない。道鏡もそこまで悪党やなかつたはずや、長年の修養でなまじ霊力を備えてはつたんが仇（あだ）になつたんかもしれん。結局は女帝が悪いと、朝臣たちは判断した。せやから大きな声では云へんけど、あの女帝は朝臣たちの手で闇に葬られた」

「へ？」

「いや、これは私の推理や。うそか誠か異界の天狗様に訊ゐてみたらよからう、恐らく間違ひない。……女の性は時に国を亡ぼすとされた、誠にお痛わしい。あの時は国家も仏教では救われんかった……宇佐八幡といふ神の威力を以て国難を乗り切つたやないか」

「和気清麻呂の話ですねぇ」

「さぅや、……どや、女帝の時代がなんで終はることになつたか、分かつたか？」

寅吉は「へぇ」と曖昧な返事をした。

折口は話が一段落したのでまたポケットから煙草を取り出して火を点けた。既に陽は傾き界隈は黄昏てきている。寅吉は話を急ごうと思った。

「……実は折口先生、21世紀の日本では皇室がえらいことになってまして……」

「どないしたんや」

「即位礼の儀式を見たら、男の皇族はご老人も入れて二、三人しかいねぇんです！　皇子様はたったお一人！」

「宮家は？」

「今回の敗戦で大勢臣籍に降りられたでしょう？　残った秩父宮家とか高松宮家とかもう絶えてまして、三笠宮家もおなごだけでして、天子の弟君秋篠宮家に皇子が一人いるだけなんでさぁ。内親王は何人かおられましたけど……」

「なるほどな……寅吉君、上代にも何度かさういふ危機があつたが、継体天皇の時が一番大変やつた。朝臣達の努力でなんとか皇統を維持したとされてゐるが、実はあの時王朝が入れ替わつたといふ見方もある。ま、内親王がおられるなら女帝に立てられるからひとまず心配ないやろ」

「先生、〝女の性〟は危ねぇんじゃなかったんですかぃ？」

「称徳女帝の場合はさうやつたが、近世になつてその禁忌を打ち破つたやないか」

「でも先生、あのお二方は〝つなぎ役〟だったって……」

「いやさうは云ふたが、あのお二方、殊に後桜町の女帝はしつかり皇統維持の使命を果たされたんやないか？　大体〝女の性〟なんてなんぼのもんやねん……男の方が、」

「へ？」

「いや、何でもない……寅吉君、皇位継承で意見が割れたら最後は神の御意向に従うことや！　和気清麻呂の事例に倣へばえぇ。あの時は八幡神やつたが、本来は皇祖神天照大御神や。あとは清麻呂の役を誰にさせるか、これは人選が難しいが……」


「……あっ、先生、岡っ引き様が来た！」と寅吉。


「もしもし、御主人、大丈夫ですか？」

折口の前には不審顔の巡査が立っていた。公園に徘徊老人らしいのがいると近所の人が通報したのだろう。

（……野も山も　秋さび果てて　草高し　人の出で入る音も　聞えず……）

薄笑いを浮かべる折口が職務質問を受けていた頃、既に寅吉はどこかへ失せてしまっていた。〝江戸〟に帰ったのか、それとも天狗のいる異界に戻ったのか……。

　平田国学を模範とする折口信夫が終戦後盛んに提唱した「神道宗教化」は、各方面からの反発に遭いついに日の目を見なかった。神道界では神社本庁のイデオローグ葦津珍彦から「神道宗教化」は占領軍の神社解体政策と符合するとして非難されたし、民俗学の大御所柳田國男からその方法論を批判されたことも折口にとっては痛かった。（ちなみに柳田國男にとっても名著『遠野物語』以来異界や異界人の研究は主要テーマの一つだった。しかし元々官僚出身の柳田はあくまでも常識の範囲内での帰納的推理にとどまり、折口の様な大胆な仮説提唱を嫌った）。

四　文政六年

文政六（1823）年8月、国学者平田篤胤は上京していた。積年の研究著述が評価され、時の天子（仁孝天皇）に献呈されたしとの朝廷の内意を受けての栄えある上京であった。篤胤自身も「せせらぎに潜める龍の雲を起こし　天に知られむ時は来にけり」と心境を詠んでいる。

「暑い中よう来ぃはった！　さっそく帝への拝謁は明々後日巳の刻（御前10時）、その次の日午の下刻（午後1時）に太上天皇の仙洞御所となっておる。お疲れやとは思うが一世一代の晴れ舞台！　気張ってや」

この日篤胤は仲介役を務めた朝臣治部卿富小路貞直の邸に居て、貞直からの最終確認を受けていた（貞直は篤胤の政治面での支援者である）。最重要点は今回の献呈図書の内容確認である。というのも国学研究の大家である篤胤には、この時点で既に百を数える著作があり、その中から代表作数点を選び出す必要があった

篤胤

からだ。貞直の曰く
「……大人（篤胤のこと）、要するに昨年夏日光の輪王寺宮（舜仁法親王）に献上いたされた『古史成文』『古史徴』『古史徴開題記』『神代系図』そして『霊能真柱』に、『古史伝』の抄本（要点抜書）を加えた計六冊ということやな?」

「左様にございます」と篤胤。

「輪王寺宮は大そう感心されたそうや。殊に『霊能真柱』は正に目から鱗がこぼれ落ちる思いで読み通されたとのことで、日々皇祖以来の祖先神に見守られていることが腑に落ちたと絶賛なされてな……いやうちらも同感や。正直、本居大人の『古事記伝』読んだら最後に気が滅入るやないか、なんせ〝死ぬればみな穢れた夜見の国往き〟やでな……本願寺の浄土教なんぞの方がまだ救いがあるで。その点大人の『霊能真柱』は明るいがな、説いてはる死後の世界が……」

富小路貞直は篤胤の『霊能真柱』に感動し、まだ若い帝（仁孝天皇）に上奏して一覧を勧めたのだった。只、当時宮中の最高権威は譲位後まもない光格太上天皇にあったので、貞直の上奏は直ちに太上天皇に伝えられ、帝はその指導を仰いだものと思われる。

「治部様には毎々過分のお褒めを頂き恐れ入りまする。拙著が帝の御高覧に浴するなど誠に身に余る栄誉と申さねばなりません」

篤胤は貞直の支援に対する礼を述べた。

「いや、大人の書物はほんまに凄いと思うで！　大声では言えんが、本居大人を超えておいでや」

「いえいえ滅相もない……私は終生宣長先生の弟子、『身の丈』はわきまえております」

「せやけど平田大人、そなたの『古史伝』なんかには、先師の『古事記伝』にも原典の記紀にも書いてへん〝秘事〟が書かれてるやないか！　〝神〟の語源とか……ん？　ふふ……」

貞直は意味ありげに笑った。確かに篤胤の『古史』シリーズは彼によって編み直された〝新しい神話〟と言ってよかった。例えば〝神〟の語源というのは〝カビ〟であり、それは正しく黴の芽の如く「男根の形」をしたものだと説く。確かに〝男根〟を御神体に祀る怪しげな淫祠は各地に現存する。しかしそこまで取り込む篤胤の方法論は本居学派の〝文献学〟ではなく〝民俗学〟の先駆けであり、さらには篤胤独自の〝幻想文学〟と見なすこともできる。

痛い所を突かれた篤胤が苦笑いしているのを見て貞直は話題を転じた。

「ところで平田大人、数年来大人の所においでなさる天狗小僧様はその後どうしてはるのや？」

天狗小僧すなわち寅吉については、篤胤は既に前年の文政五年『仙境異聞』全七巻にまとめて上梓している（版は作らず写本として刊行された）。

篤胤は答えた。

「はい……彼の話の全てをまとめた書物もできましたゆえ、最近は自由にさせております。それゆえ近頃はほとんど小宅には姿を見せなくなっておりまする」

これに対し貞直は篤胤に顔を寄せて曰く

「いや、それはよかった……あの天狗小僧については、そなたの足を引っ張る存在にもなっておったやろう？」

「……」

「いたいけな知恵足らずの少年を洗脳して狂言芝居をしておるとか、平田は〝山師〟やとか、随分陰で言われとったわな？」

「実にも人の口ばかり恐るべきものはなきなり、といふことでございます……（服部）水月先生や塙（保己一）先生からも御懸念の忠告を頂いておりました」

「そうやろなぁ……しかしあの『仙境異聞』は読み物としては面白いな！」

「読んでいただけましたか？　……ぜひ治部様のご感想など承りたいものでございます……」

貞直はさらに顔を近づけて曰く

「いや、上方でも神隠しとか天狗にさらわれたとかよう聞いたけどな、江戸の人間みたいに大騒ぎはせんで。殊に京の人間は醒めとるさかい、鬼やとか天狗やとか言うてもたいがい狂言やと見抜いとる。王朝時代からそういう噂に振り回されて賺されてきたから、あぁまたか、となる訳や」

「私の天狗小僧は本物でございます」

「ほほっ、いや分かっておる！　大人が狂言芝居を騙る訳がない……寅吉か、うちらにも一度会わせてもらえんもんか？　来てくれるやろか？　ん？」

貞直は半分座興で言っている風であった。

さて明日はいよいよ帝（仁孝天皇）に拝謁するという日の夕方、篤胤の宿所三条河原町の旅籠池田屋に、本居門下（鈴屋学派）の重鎮で歌学者の藤井高尚が訪ねてきた。藤井は釜鳴神事で知られる備中一宮吉備津神社の宮司だったので、神道学の研究に熱心で篤胤とも懇意であった。本居門下では篤胤への賛否が分かれていたが、藤井は篤胤擁護派の筆頭として当初から彼を弁護してきた経緯がある。

このころ藤井は宮司職位を息子に譲って隠居し京の門人達の招きで在京していたのだが、篤胤著作天覧の栄誉を自分ごとのように喜んだ。さっそく備中から取り寄せた地酒片手に祝いに来たのである。彼の専門は本居の高弟らしく古今和歌集、伊勢物語、そして源氏物語だったので、これら古典文学を素通りする篤胤の学説をどこまで理解していたか疑問だが、ともあれ論敵の多い篤胤にとって藤井はありがたい先輩であった。

「篤胤どの、備中の酒はうまかろぅ？　酒肴(しゅこう)に備中の話題を披露いたそう、まず聞かれぇ……貴殿は芸能音楽にも造詣が深いが、備中神楽を知っていなさるか？」

この夜藤井は篤胤の部屋に上がり、持ってきた地酒を振舞って後輩篤胤を祝福したのだが、実際はほとんど一人で酒を呑みながら篤胤に備中神楽の話をした。当時備中成羽(なりわ)出身の国学者西林国橋(こっきょう)が、備中土着の猿田彦舞に京風の能狂言や歌舞伎を加味して新しい芸能に編み直していたのを紹介したのである。

「篤胤どの、実は成羽郷に伊勢神宮から舞の先生が来てくれたんじゃけどが、その女人はアメノウズメの末裔(まつえい)じゃぁ云(ゆ)うてでぇれぇ妖艶に舞い踊りょうた。成羽の西林国橋もえろお彼女に惚れ込んで岩戸開きや大蛇(おろち)退治やこぅ(など)の多くの神話を神楽に取り入れたんじゃ、せぇで初めて女人が舞う神楽ができた……一度観にお出でんせぇ……」

この夜の神楽の話は、芸能史における女性の意味合いという点で篤胤に大きな示唆を与えた。

結局藤井高尚は一人で悦に入り、興奮して疲れたのか「おえんのぅ……」などと言いつつ先に寝てしまった。一方帝への拝謁を控える篤胤は、泥酔した藤井を隣室に寝かせたが、自身は緊張感からか中々寝付けなかった。丑三つ（午前2時過ぎ）になってやっと眠りかけた篤胤だったが、突如天井に湧き出した金色の光背(こうはい)で目を覚ました。勘の鋭い篤胤はそれが異界からの来訪者(まれびと)であると直感し、起き上がって居ずまいを正した。

煙の様な金色の光背は徐々に楕円形に固まり、やがて人の上半身の様に成った。それに合わせて天から降って来る様な石笛の音色を篤胤は耳にした。

（これはあの〝七生舞〟の音楽ではないか？）幽(かす)かに響く異界の笛の音に耳を澄ましていると、金色の人影はさらに解像度を増し、はっきりと笏を手にした上代風の貴人を映し出した。

（どなたであろうか？）

篤胤は金縛りにあったような感覚に捕らわれていたが、好奇心からこの古代人らしき来訪者との意思疎通を試みたのである。

「……はるばる上古よりの御来訪とお見受け致します、どちらさまでいらっしゃいますか？」

返事はない。だが篤胤はさらに続けた。

「それがしは出羽国（秋田）に生まれ、江戸に出まして備中松山藩士平田篤穏の養子となり、長年古学を研究してまいりました平田篤胤と申します……」

ややあって金色の古代人は山奥から響くこだまの様な声で返答した。

「われは王城の北西、高雄山神護寺に鎮座する和気朝臣清麻呂である。わが名は存じておるな？」

「は、もちろん存じております。皇室の大恩人であらせられる……」

篤胤は布団から降りて平伏した。

（これは大変な霊がお出ましになつた……折角だから色々訊いてみたいものだ）

その篤胤の頭上に古代人の声は続けて曰く
「篤胤大人、汝が所説は実に的を射ている。帝の御耳に達し正に天覧の栄誉に浴するに値する。実にめでたい、末代の誉れなるぞ」

「ははーっ」

清麻呂

「ついては汝に頼みたきことこれあり！」

「……何なりと」

篤胤は畳に叩頭したまま清麻呂霊の次の言葉を待った。

「われは桓武朝以来この平安京を守護してきた積りだが、今の墓所は山奥でな……御所の近くに依代（神霊の宿所）が欲しいのだ。これからはさらに帝のお側に居なければならぬ。篤胤大人、わが思いを帝に伝えてくれまいか？」

「清麻呂公、帝のお側に居なければ、と仰られる訳は？」と篤胤は顔を上げた。

「なに、近い内に遷都があるであろう？　帝はやむなくこの平安京を後にされねばならぬ……そうなる前にお側に侍りたいからだ」

「遷都？　と申しますと、やはり江戸へ？」

「うむ……大人なら知っているのではないのか？　京においてもかなりの騒動があったであろう？　異界の男児と馴染みと聞いたが、遷都の話は聞いておられぬか？」

「あぁそう云へば……二百年後の宮城には濠が廻らしてあると聞きました、あれはもしや江戸城の跡……」

「いかにも。そこには我輩の銅像もあるはずだ、全く似ておらんが……とにかく異国の圧力で武家の政は終わらせられ、一旦王朝の時代に戻る！　帝にはお気を強く持って頂かねば成らぬゆえ、お側に居たいのだ。大人なら分かるな？」

篤胤は寅吉の話を思い出して清麻呂霊に尋ねた。

「は……しかし清麻呂公、その異界の男児が申すには、我が大日本国は大勢の異国と戦をして敗れたとのこと……帝にお咎めが無かつたことは安堵致しましたが……皇祖始め天神地祇がお護り下されたはずなのに、なぜ勝てなかつたのでござゐますか？　……今の武家政権がその時まで続いておれば敗れなかったのでせうか？」

「篤胤大人、まず二つ目の問であるが、武家の政すなわち徳川幕府がこのまま続いていくことは有り得ぬ。聡明な大人ならお分かりであろうが、向後は上下心を一にせねば迫り来る西洋列強に太刀打ち敵わぬ。しかるに徳川幕府の下では心を一にできぬ……革命が必要なのだ。何となれば西洋では既に革命を経て庶民が政に加わり、公論をたたかわして国事を決めている。だからこそ国力も旺盛になり世界に版図を広げられる様になった。これを我が国でもやらねばいずれ西洋列強の餌食となろう、徳川幕府に代わる政体が求められる！　……次に最初の方の問、何故我が皇祖神たちは皇国を勝たせられなかったのか……それは譬えて申せば、慈愛ある親心を粗末にした不逞の息子が自ら地獄に落ちたようなものだ。異国の神に負けたのではない。天神地祇も、皇祖神も泣いて馬謖を切られたと思われよ。われも断腸の思いであった……あの大戦のとき、われは知らぬ間に帝ともども戦意高揚の神輿に祭り上げられてしまったからな、慙愧に耐えぬ。いや、汝もそうであろう？」

「〝泣いて馬謖を切られた〟と？」

「篤胤大人、それは言葉の綾である！　慌てずともよい、本来この国の民は永遠に皇祖天照大御神をはじめ数多の神々の御守護を頂いている。帝は国の民を代表して天津神皇祖神をお祀りし感謝の礼を尽くしてまいられた。……仏教伝来以降神々は仏の影に隠れることも多々あったが、皇祖が天照大御神であることは揺るぎない。ただ、神にせよ仏にせよ、それを祀り敬うことと政を執り行うことはしかと分けねばならぬが……。一方で須佐之男大国主など国津神、八幡神天満天神など人格神もそれぞれ由緒ある所で祀られている。民はこれら神々との絆を深めるように、そして神々の神意に沿うように生きることが肝要だ。あの大戦のときは神々と民とがすれ違いの関係だったから神々もどうしようもなかった。篤胤大人、汝の古学も曲解されぬよう心して伝え残さねばならぬぞ！　われも今更ながら人格神となりて国難の時は少しでも帝をお護りしたいのだ。……いや実は遷都の後になってわれは〝空〟の御所の前に依代となる社地を拝領するのだが、遷都の後では意味が無い……。今手を打てば、あわよくば在京の帝を逆臣からお護りし、来たる国難時の歴史を変え、その先の大戦もさせぬようにできるかもしれぬ！　……歴史を変えるのは禁じ手ではあるが……構わぬ、大人以外の誰に頼めよう。篤胤大人、帝に御進講の際には今申したことくれぐれもお伝え頂きたい、必ず……」

言い終わると清麻呂の霊はわずかに微笑んだ様に見えた。

「かしこまりました」

篤胤はとりあえず応諾した。帝に対し、〝忠臣〟和気清麻呂を顕彰できれば神号を授けるよう進言することまではできるだろうと思った。あとは相手のあること、出たとこ勝負である。

「やってみませぅ……ところで、先ほど〝逆臣〟と云はれたのは何のことで？」

篤胤は清麻呂の不穏な用語について質そうと思い、前方ににじり寄った。

しかし、金色に光っていた清麻呂霊は見る間にモザイク状にぼやけ、再び紫煙の様に尾を引いて天井に消えてしまったのである。あとには静寂と闇だけが残った。

（なんと……これは夢ではなからうな）

呆気ない幕切れだったので、篤胤は夢か現か試みに隣室との間を仕切る襖を開けてみた。そこには従前と同じ格好で藤井高尚が寝息をたてて横になっていた……。

嘉永四（1851）年、孝明天皇（仁孝天皇の皇子）は和気清麻呂の歴史的功績を讃えて神階「正一位」と神号「護王大明神」を授けた。篤胤の奏上から28年後のことである。

「平安京」をこよなく愛した孝明天皇は清麻呂を守護神として御所の前に祀る積もりだったが、慶応四（1868）年戊辰戦争の最中に急死された。（その急死に関しては、公武合体派の天皇に業を煮やした岩倉具視ら完全討幕派の関与が当時から噂されている）。

五　天保十四年

「寅吉、随分久しぶりだな！　だうしておつた？」

天保十四（１８４３）年四月、自宅庭先で北国の春を愛でていた平田篤胤は懐かしげにひとりごちていた。

ここは出羽国、佐竹氏の治める秋田藩久保田城下は亀町、お城の近くである。江戸に居た頃よりかなり広い庭には篤胤以外に人影はない。二年前幕命で著述差し止めの上江戸を追われ、妻織瀬のみを伴って国許秋田に戻って来て以来夫婦二人きりであり、さらに日中織瀬は手内職に忙しい。傍目には庭木に語り掛けるイカれた老人にしか見えない篤胤だが、この日、秋田へ来て初めて天狗小僧寅吉に遭遇していたのである。

「先生、ほんにお久しぶりで……。いや、おいらは相変わらず仙境で修行したり、好きな時代を見に行ったり忙しくしてまさぁ。いえ、それが秋田ってぇのがどこにあるんだか分からなくって随分ご無沙汰してしまいやした。……しかし先生もすっかりお爺さんになりで……」

「お前は齢をとらんな」

「へっへっ、顔からだはもう不惑のおやじになってますがね、魂だけはずーっと15歳なんでさぁ」

寅吉は庭のこぶしの木の前に居て、つんつるてんの絣の着物を着ていた。丁度こぶしの白い花が咲いており、それを見に出てきた篤胤と再会したのだった。

「うむ……この北国に戻つて以来すっかり老け込んだ……だが難しい書物などはほとんど江戸に置いてきてし

まつたので、頭の中はむしろ小僧に戻つたやうな気もするな」

「奥方様は？」

「おぉ、織瀬だけはずつと一緒だよ。……また苦労をさせてしまつたが……」

「先生、最初の奥さんも〝織瀬〟って方でしょう？」

「さうだ、いい妻だつた……可愛い子らも産んでくれてな……。若かつたわしはひどく貧乏で、ほとんど何もしてやれず死なせてしまつたが、あの織瀬がいなかつたら国学にも出会はなかつたかもしれぬ……『古事記』をわしに教えてくれたのが織瀬だ。あの織瀬にまた会ひたい、だからつい後(のち)添いも〝織瀬〟に改名してしまつたのだ、はは……さうだ、お前異界で昔の織瀬を探してみてくれんか」

「……今の奥方もいい方じゃぁねぇですか！　まぁ先生、いずれきっと再会できまさぁ……。それにしても、もう江戸には戻れねぇんで？」

「うむ、鉄胤(かねたね)（婿養子）や弟子たちが色々手を尽くしてくれてゐるが、頼みの春庭(はるにわ)様（本居宣長の長男）も富小路様も亡くなつた今となつてはもう無理だらう……わしは〝危険人物〟だからな。ははは……」

「先生のどこが危険なんです？」

「お前と同じだよ、世の行く末が見えたりするからな。行き詰まつた今の幕府には都合が悪い」

「幕府と言やぁ先生を江戸から追っ払った水野様もいよいよ行き詰まったみたいですぜ。寄席や歌舞伎まで取り締まったからみんな怒りまくりで……」

「わしはともかく……〝人返し令〟など馬鹿げた話だ。大塩平八郎や生田万(よろず)の決起を見れば分かるが、人手がいくらあつても領主が悪ければ民百姓は浮かばれん。江戸一極集中も問題だが、そもそも年貢を米で納める時代は終わつた」

「確かに、〝地獄の沙汰も金次第〟ってぇ訳で……」

「租税は貨幣で納める制度に改めねばならん。暦も太陽暦の方が正確だ。西洋ではみなさうなつてゐる。……それにしても生田万は惜しいことをした……」

６年前（天保八年）越後柏崎で貧民救済のため決起した生田万は篤胤の高弟であり塾頭まで務めた男である。蜂起した生田は衆寡敵せず結局自刃に終わったが、この乱は篤胤が幕府に危険視される理由の一つとなった。

「ところでお前は嫁は貰つたのか？」

篤胤はふと話題を転じた。

「いや、まだでさぁ」

「何、いい齢をして独りでは具合が悪い。仙境にはいいおなごもたくさんゐるだらう？　天狗様に紹介してもらえ」

「へへ……いや先生、契ったおなごはいますよ。おいらと一緒で子供ン時から仙境と現世を往き来してきた娘でして……」

「ほう、それはよかつたな！　どんな娘さんなんだ？」

「へぇ、あれはお伊勢様の巫女の娘ですが、父親は分からねぇんだそうで……天狗様が父親代わりになったんでさ。自分じゃあアメノウズメの子孫だとか言ってます……」

「何、宮比神？　では舞いが上手いのだな？　あの七生舞もできるのか？」

「そりゃもちろんでさぁ。でも下界でも神楽を教えたりしてるんですぜ」

「下界とは？」

「えぇと、石見、安芸、備中……」

「ほう、さすがは天狗小僧の嫁候補、どこへでも飛んで行くのだな？　さう云へば神楽の始まりは天岩戸でのあめのうずめの舞ではなかつたか、むかし藤井高尚先生が備中神楽の話の中で云はれておつた」

「備中にゃ剣舞の猿田彦舞しかないから演目を増やそうってんで、西林某という国学者のお招きで新しい神楽を教えに行ったんでさぁ、『岩戸開き』とか『大蛇退治』とか……」

「『岩戸開き』と云へば我々も書物（『宮比神御伝記』）にまとめたことがあるが、神楽は本来女が舞つてこそ値打がある。あめのうずめを見よ、あの底抜けの笑いと色艶は女なればこそだ。能狂言や歌舞伎のやうに女人禁制にしてしまつては、人間本来のあふれ出る生命力が表現できぬ……この点は〝幽玄〟を重んじる本居先生の考へに反するが……」

「能楽も歌舞伎も元々女が始めたんでしょう？」

「確かさうだつた。私見だが、女には男に無い霊力といふか徳がある。これを日本人は『愛敬』と名付けた。『枕草子』も『徒然草』も女の徳を『愛敬』といふ言葉で表してゐる。しかし能楽師の世阿弥は『愛敬』といふ言葉を別の意味で使つた。彼は将軍足利義満の寵童（性愛対象）で鳴らした美形だつたから、男ながら女の魅力を本物以上に表現できたんだな。つまり能楽が女を必要としなくなつたのは衆道（男色文化）の影響だ。歌舞伎も幕府の風俗取締りで舞台から女が締め出された。まぁあれらはあれで民が喜ぶひとつの型になつてゐるからとやかくは云はん。だがな、『神楽』は神々を喜ばせる為にある。衆道を好む神といふのは聞いたことが無い、やはり女の色艶と明るさつまり『愛敬』を振り撒いてこそ神々も喜んで現世にお出ましなさる。その象徴があめのうずめではないか？」

「『愛敬』……そう言や令和の第一皇女はそんなお名前でしたぜ」

「『愛』や『敬』の字を名に持たれれば神々から喜ばれることは疑ゐない……さう云へば、寅吉、お前その皇女が女帝に即かれたかだうか見てきたか？　随分前に頼んだことを思ひ出したぞ」

「……先生、それはもう少しすりゃぁ分かりますんで、今はお楽しみにしておいてくんなせぇ」

「だういふ意味だ？」

「いや先生、天狗様が言われるには、おいらがここで喋ることは誰かに筒抜けらしいんでさぁ、おいらも〃危険人物〃の一人なんでしょうね。だから……」

「……ははは、さぅか、それは有りさぅなことだな……ここから大事が筒抜ければ後世の人間が何を血迷うか分からぬ。よろしい、幽冥界へ行ってから伺いませぅ、寅吉どの……」

篤胤は笑いながらそう言った。老いてもなお勘の鋭い篤胤は事情を自分なりに察した様である。また篤胤はほとんど死を恐れていなかった。怪我や病気で苦しむのはまっぴらだが、「死」はすなわち寅吉の語る「仙境＝幽冥界に行くこと」と腹を括っていたからである。その所為か、幕府の弾圧に遭って北国に逼塞させられてはいても彼は死ぬまでどこか陽気であり続けた。

「先生、やっぱり江戸は懐かしいですか？」

「当たり前だ、半世紀近く居たんだからな」

「何が一番懐かしいですか？」

「さぅさな……また『笹の雪』（鶯谷に今も在る豆富料理屋）の豆富が食べたいものだ……」

「へ、豆腐なら仙境の方が美味いですぜ」

「ほう……さぅ云へば〃豆腐小僧〃といふ仙童もゐると聞く、お前知つてゐるか？」

「知ってまさぁ、奴の豆腐は絶品ですぜ。でも現世の人間にゃ腐ったのしか出さねぇ……」

「なんだそれは、根性ひねくれた奴だな。わしが仙境に行つたらしつかり説教して、たんと美味い豆富を食わしてもらおうか、ははは……」

篤胤の頭上を一陣の風が吹き、庭の秋田杉がひゅうと鳴った。寅吉が少し慌てる風である。

「おっといけねぇ、先生、天狗様が早く戻って来いと仰せだ！　仙境（あちら）へ戻りますんで……今回はおさらばです、」

「なんだ、もう行くのか？　急用なのか？」

「へぇ、先生、天狗の山周りと言って諸国の天狗様が持ち場を交代される時節なんでさ。おいらもお供しねぇと……」

「ほう、筑波山からどこぞへ〝お国替え〟なさるのか？」

「いや、そんな大げさなもんじゃぁねぇんで、毎年ひと月ほど他所（よそ）を見させてもらうだけでさ。でもこの度（たび）は野州日光山から号令が出たとかで、全国の天狗が日光山へ……」

「日光山へ馳せ参じると云ふ訳か？　ひょっとして東照大神君（徳川家康）の号令かね？」

「へぇ、そうらしいです」

「なんと、仙境でも公儀に気を遣はねばならんとは、少々興ざめだな……」

「いや先生、天狗以外の異界人は関わり合い無（ね）ぇんですぜ。山人狐狸妖怪の連中は至ってのんきに暮らしてまさぁ」

「うぅむ、異界人か……そのうちわしも仲間に入れてくれるかのぅ？」

「大丈夫でさ！　先生にゃちゃんと平将門様が付いていなさるから、安心して帰幽なさってくんなせぇ」

「おぉ、それはまことか？」

「先生、あれだけ将門様をお祀りしてこられてまだそんなこと言ってんですかぃ？　先生らしくもねぇ……」

　篤胤の実家佐竹藩士大和田家及び篤胤養子先備中松山藩士平田家は、揃って桓武平氏の血統であった。篤胤は寅吉の勧めもあって文政八年になって平将門の神像をお迎えし奥座敷に祀ったのだが、秋田には持ってきていない。篤胤にとって平将門は確かに守護神ではあったが、彼の思想体系の中では天照大御神や大国主の様な記紀の神々より重要度は低かったのだろう（この将門像は現在神田明神に保管されている）。

「おっといけねぇ、先生、少々急ぎますんで、今日はこれにて……」

「さぅか、行くか……達者でナ」

仙童寅吉はすぅっと消え、また静かになった庭上ではただ春風がこぶしの木を揺らしている。篤胤はひとりごちた。

「……寅吉が山にし入らば　幽世の知らへぬ道をたれにか問わん……。また会おう、だが次は幽世でのことになるかもしれんな……」


結局篤胤と天狗小僧寅吉が現世で会話したのはこの春の日が最後となった。篤胤はまもなく六月頃より病を得、だんだん衰弱していった。癌ではなかったかと思われるが、寅吉の最後の言葉に励まされて安心したのか比較的穏やかな終末期を送れた様である。

天保十四年閏九月十一日、「国学の四大人」掉尾を飾る碩学平田篤胤歿す。ペリーの浦賀来航まであと10年、明治維新まであと24年という時期だった。享年六十八。門人は関東中心に全国に553人を数えていた。妻の織瀬ほか秋田の門人達が最期を看取ったが、いざ帰幽となると篤胤の心中にはやはり無念の思いが強く残っていた様だ。

思ふこと　一つも神につとめ終へず
今日やまかるか　あたらこの世を

辞世は右の通りである。現世への執着の念が濃厚で、皮肉にも死を穢れとして嫌った先師本居宣長の大往生に比べても悲愴感が強い。それを〝人間の宿命〟と割り切る前に、筆者としては、せめて幽冥界に行った篤胤が持ち前の神懸り的牽引力で寅吉や天狗達はもちろん多くの異界人……本居、屋代、藤井といった同時代人に加え清麻呂、折口、柳田といった異世代人らと有意義な交流を深めていったものと思いたい。

平田篤胤は歿後まもなく神号「神霊能真柱大人（かむたまのみはしらのうし）」を授かり、現在は東京代々木の平田神社に祀られているが、戦前皇国史観の根源の様に曲解（？）されたことで現在も正当な評価を得ていない観がある。

〝異界〟を前提とし、東西の諸学を網羅した篤胤本来の思想は、宇宙と生命の永続性を謳歌する様な雄大なスケールを有していた。しかし明治以降篤胤の思想は「平田国学」として尊王思想と日本精神論だけが取り沙汰され、より本質的な（スピリチュアルで天地礼賛論的な）部分が退けられていった。それだけに、地球規模の環境問題などが〝待った無し〟の現在（いま）こそ彼本来の思想を再考する意義があると筆者は思う。

また篤胤の世界観から見れば、例えば現今の「安定的な皇位継承」問題にも〝コロンブスの卵〟的に答えが出てくる様に思うのだ。

平田神社

（了）

（本稿の挿絵は、和気町在住の画家・青木毅氏寄贈）

戦時四方山話

日髙 一

装備の格差で勘違い　八路軍　大衆の心掴み勝つ

1949年10月1日、中華人民共和国中央政府が成立した。中国の国共内戦（国府軍と共産党軍の戦い）の片鱗を見ていた筆者には共産軍の勝利は信じがたい結末だった。

1946年8月下旬。当時八路軍が支配していた吉林省延吉市から日本人引揚げの貨物列車に乗せられ、吉林省の省都長春（旧満州国首都新京）に向かっていた。途中、国共内戦の境い目があって、引揚げ者団体は共産側から国府側へ移管された。

その引き渡しで見た国共両軍兵士の装備から、〝これでは勝負にならない〟と思い込んでいた。

国府軍兵士は西欧風デザインの軍服を着こなし、ヘルメットにサングラス、背には自動小銃を負いサイドカーで砂を蹴立ててやってきた。一方八路軍は青い工人服に工人帽、旧式の木箱入り短銃を色とりどりの房紐で肩に掛け、背中には傘と鍋、前世紀を連想させるスタイルだった。

日本人引揚げ者の引き継ぎを終え、左右に分れた両軍は、百メートル余り離れたところで、パンパン、バリバリと、銃を撃ち始めた。引揚げ者たちは、あわてて路側に掘られた塹壕に飛び込み身を伏せた。ピューン、ピューン、ササササ、プシュッという音が響く。ピューン、ピューンは遥か上空を飛ぶ弾丸の音だが、ササササ、プシュッは銃弾が周囲の草群の中を通って土に刺さる要注意の音だと聞いた。両軍の兵士とも本気で撃ち合う気は無く、共産側が丘を駈け登って姿を消した。

その場の光景から「この内戦は国府側の圧勝に終るだろう」と思い込んでいたのである。思いがけない結果に考え込んだ。在満中学当時の同級生や戦後転入した中学校で知り合った満州引揚げ仲間とも話し合った。いろいろ考えた挙句、八路軍（共産軍）の体質が人民に支持され、勝利に繋がった……という結論になった。

国家や軍閥が持つ当時の軍隊は、強力な武装集団で、戦争中は物資や労働力の調達に有無を言わせない強い力を持っていた。旧満州国に展開していた関東軍（日本陸軍）もそうだったし、終戦直前に侵攻して満州や北朝鮮を占領したソ連軍もそうだった。国共内戦を戦っていた蒋介石の国府軍も同じような体質だったと思われる。

でも、筆者たちが見ていた八路軍は違っていた。物資調達にしても、使役の提供にしても、一方的な強制は無かった。物資の提供を受けると必ず対価を支払ったようだし、支払いのお金が無い時は相手が望む労役で対価の支払いに代えた。八路軍兵士が農家の庭先や畑で農民と共に和やかに作業している姿を何度も見た。付近の住民にたずねてみると、物資や労役の調達代金を労働で払っているのだと教えてくれた。軍隊としては珍しいやり方だが、大衆の支持を受けるに違いないと思った。

だが、引揚げの旅で国共両軍の装備の違いを見た時、余りの違いに国府軍の勝利間違い無しと思い込んでしまった。

それにしても、現在の中国人民解放軍や中国共産党に、かつて八路軍兵士が地域住民と和気あいあい作業したような雰囲気があるのだろうか。天安門事件や香港問題でも庶民と手を取り合う空気は感じられない。家族五人が大陸の土になった筆者からすれば、中国大陸は穏やかで豊かな国として発展して欲しい。もう一度あの頃の空気を取り戻すことはできないだろうか。

満州国13年5ヶ月の命、戦車壕が遺体処理場に

1945年8月18日、満州国皇帝愛新覚羅溥儀（あいしんかくらふぎ）（ラスト・エンペラー）が退位を宣言し、満州国は13年5ヶ月の短い命を終えた。

終戦当時、筆者が住んでいた間島省間島市（現在中国吉林省延吉市）には8月17日、ソ連軍が進駐した。市街地中心部へソ連軍の大型戦車が乗り入れ、沿道を埋めた市民の〝万歳、万歳〟のどよめきに町全体が揺れていた。市公署、県公署、省公署などの行政機関、間島法院、間島検察庁などの司法機関、金融機関、省立病院など医療機関、在満間島中学校、同高等女学校、同国民学校（小学校）などの教育機関、その他社会の機能を維持する総ての機関が閉じてしまう異常事態になった。筆者は騒然とした街中に立ち、漠然とした危険を感じながら「国がつぶれるとはこう言う事か」と見守っていた。翌々8月19日、居住を略奪されて難民になる運命も知らず、街中に漂う異常なエネルギーを感じていた。

旧満州国には終戦時、一般邦人約百五十万人がいた。その内の約二十五万人が敗戦前後の混乱の中で死んだ。作家の新田次郎氏は延吉を舞台にした小説『望郷』の「あとがき」で延吉捕虜収容所では一冬の間に二万とも、三万ともいわれる病死者を出した。この収容所のことから小説を書けばよかったが、あまりにも悲惨に過ぎて書くことができなかった……と書いている。

延吉では捕虜収容所だけでなく一般邦人にも万余の死者が出たとみられる。これらの死者は大半が医師の死

亡診断を受けることも、役所に届けることも無く、家族がいれば墓に入れる頭髪と爪を切り取り郷里へ持ち帰った。帰郷後本籍地の役場で届出し、死亡が確定した。

冬の満州は零下20～30度と冷え込む日が続き、大地も表面は凍土に覆われる。ツルハシやシャベルも凍土にはね返されて穴が掘れないため、連日墓場に運び込まれる遺体は春の解氷まで積み上げられていた。延吉市では関東軍の飛行場周囲にソ連軍戦車を防御する〝戦車壕〟が中学生の勤労奉仕で造られており、抑留日本兵や在留邦人犠牲者の遺体処理に利用された。

筆者の末弟もその壕に埋められたと聞いていたので、戦後40年ぶりに延吉を訪ねた時捜してみたが、開発が進み痕跡は全く見付からなかった。

間島中学校の同級生西尾安弘君は手記『人生の岐路』の中で、自分たちが勤労奉仕で掘った戦車壕に邦人の遺体を運び込んだ思い出を書いている。

医師や技師、建国に協力　同級生が少年兵で転戦

最近ではほとんど話題にもならないが、中華人民共和国誕生に貢献した日本人も少なくない。医師、看護師などの医療技術者、工場や鉱山、鉄道、通信などの技術者ら多くの人たちが大陸に留まり、八路軍に協力した。

間島中学校の同級生水戸一郎君の父は間島省立病院の医師だったが、戦後八路軍に徴用され医師として働いた。同級生の三上玲嗣君は、在満国民学校（小学校）の校長をしていた父と母が亡くなり、中国人に預けていた弟妹が行方不明になったため引揚げを見送った。八路軍の少年兵になって、休日には懸命に弟妹を捜したが、部隊とともに中国南部の海南島まで転戦、武功が高く評価された。内戦終了後はエリート企業である長春の自動車工場に職を得、中国共産党員にも推挙されたという。だが弟妹捜しの方は成果が無く、終戦から8年後の

1953年引揚げてきた。弟妹の消息は不明のまま、先年三上君は他界した。

業務的略奪行為に驚く　数日後は壁だけの廃墟

敗戦直後、満洲各地で日本人家庭への略奪が頻発した。延吉市では終戦3日後の8月18日ごろ、鉱山・炭坑の中国人坑内夫を中心にした略奪グループが発生、日本人の住居が次々襲われた。

筆者宅も8月19日午後、銀行の日本人社宅四軒が千人近くいると思われる群衆に取り囲まれ、各戸同時に玄関の扉が破られて暴徒が流れ込んだ。侵入者たちはそこに住む住人には目もくれず、家財や什器などを沈黙のまま我先に持ち去った。住宅は一時間足らずで地下室から天井裏まで空っぽになった。2、3日後訪ねてみると、家の家具はもちろん、窓枠、床板、天井板、屋根瓦まで持ち去られ、残っているのは煉瓦積みの外壁や要所の間仕切り壁ぐらいで、破壊された室内から青空が仰げた。

住民たちは夏場の着のみ着のままで総てを奪われた。それまで使用していた満洲紙幣など通貨は使えたが、預金通帳は満州国消滅と同時に紙くずになってしまった。略奪後直ぐに隣接の朝鮮族向け「大和小学校」へ避難したが、日本人難民で、すでにいっぱい。廊下の片隅にやっと家族7人が座れるスペースを確保した。社宅の皆さんとは、ここでばらばらになり、以後の消息は定かでない。筆者宅を除く三世帯はいずれも幼児を抱える若い世代で、夫は軍隊へ召集された留守家族ばかり、幼い子どもと母親が無事日本へ帰り着いたとは思えない。家族全員死亡した家庭があっても不思議ではない。

幸い大和小学校の校長が中学校の級友福永陽一郎君の父親だったので、避難した翌日、校地に在った校長住宅へ夕食に招いてもらった。先行きの不安いっぱいのなかだったが、心和ごむ一時を過ごすことができた。

終戦まで植民地支配していた朝鮮半島や満洲では、学校の校長は総て日本人が勤めていた。教育の側面から日本軍国主義や植民地政策を支えようと考えたのだろう。

時代の責任を取った　中央銀行の早川支店長

略奪に遭って約2ヶ月後の10月初旬、在満間島国民学校の床下から旧間島省公署日本人官舎に収容された。2DKほどの小さな住宅に三～四家族が収容されていた。10月23日、78歳の祖父が死亡した。死亡まで医療のお世話になれず、死因も不明のままだった。当時避難民が死亡しても、最後を看取る医師も無く、死亡を届ける役所も無かった。亡くなればお経をあげることも無く、毛布かむしろに包んで、元気な若者が墓地へ埋めに行った。

でも、祖父の場合は違っていた。省公署官舎に隣接する満州中央銀行間島支店長社宅に住んでいた早川正男氏が古い板切れを集めて祖父のために棺桶を造ってくれた。多少お経の解る人を呼んできて枕経もあげてもらった。

早川支店長が慣れない手つきで古板を打ち付けている姿を今でも思い出す。満州中央銀行は満州国貨幣の発券銀行、筆者の父も金融機関の者だったので1944年2月、関東軍に召集されるまではお付き合いがあった。家が近く、長男の早川保四郎君は筆者と中学校の同級生だった。もう一人の同級生佐久間貞行君と三人で毎朝学校に通ったものだ。佐久間君の父正春さんは興農合作社間島省連合会会長で、農事部門と金融部門の違いはあるが、筆者の父と同じ興農グループのメンバーだった。佐久間会長も終戦直前に関東軍に召集され、帰らぬ人となった。

筆者はかつての「戦時四方山話」で現地の中国人や朝鮮人にしたわれ、戦後窮地を救われて帰国した日本人がたくさん居た事を書いた。だが、その一方で、救いの手が伸びても「自分のした事は自分が責任を取る」と逃げなかった人もいる。早川支店長は後者の人間であったと思う。

時期ははっきり覚えていないが、祖父を送って暫過ぎた頃、朝鮮族の青年たちによる保安隊が満洲国時代に社会枢要のポストにあった日本人を次々に収監、拷問にかけた。早川支店長も二度目の収監で受けた暴行がもとで他界した。

当時筆者は早川さんの事を正々堂々、思い遣りのある、頼りになる〝おじさん〟と思っていたので、保安隊による死は納得できなかった。早川夫人は子ども達と青森県弘前市に引揚げ、亡くなるまで交流があった。

省公署官舎で筆者たち家族が世話になっていた警察官部の飯島さんも、保安隊に収監され、拷問で身体のあちこちが紫色に腫れ上がり、二度目の収監で帰らぬ人となった。妻と出生したばかりの子どもを残しての旅立ちだった。

暖房と朝夕の主食給与　紅卍会酷寒に救助の手

1946年正月、省公署官舎街からも母子家庭の三十～四十人が選ばれて、紅卍会の施設に収容されることになった。紅卍会は中国各地にある修養慈善団体で、延吉市でも生活に困窮している日本人に救いの手を差し延べてくれた。平素は会員たちが学ぶ場にしている「道徳会」の建物をそっくり解放、母子家庭の約百人と大晦日に突然釈放された日本兵捕虜の内二十人ばかりが収容されていた。

冬場にはマイナス20度、30度と冷え込む土地柄である。暖房の在る部屋に収容される事は、命拾いしたと同じことを意味していた。加えて朝夕二回の主食が与えられた。ここでの生活は解氷期の4月上旬まで続いた。

筆者に取って紅卍会の救援生活は生命を助けてもらった3ヵ月余であった。もし道徳会での生活が無かったら、今こうして原稿を書いている筆者は居なかったに違いない。酷寒の大陸で行き倒れ、土に還っていただろう。

そうした有難い環境に置かれても、難民となった母親や幼い子ども達は脆かった。戦争チフスとも言われる発疹チフスなどに侵され、次々と短い生命を終えていた。中には母子共に死滅し、この結末を誰が夫や親族に伝えるのだろうか……と案じられる人もいた。母親が死亡し中国人家庭に引き取られる幼児もいた。

栄養失調で仕事続かず　ルンペンや乞食稼業も

1946年4月、次の収容施設、旧阿片患者収容所「康生院」の窓に鉄格子のある病室に移った。筆者は4月から引揚げの旅に出る8月18日まで康生院を住居に、平時には味わう事ができないような色いろな体験をした。7月23日には母を失い、次弟と二人大陸の孤児になった。40年近い人生を振り返って最も中味濃い4ヵ月だった気がする。

康生院に移ってからは生きるために何でもした。牧童、農童、牛乳配達、パンパン菓子屋の小僧、タバコ売り、朝鮮料理屋の下働き、ルンペン、乞食……と数え上げれば十指を超える仕事場を転々としている。2、3日「水」以外には喉を通らないという飢えの日々もままあり、栄養失調から体力が極端に落ちていた。仕事に就いても3、4日働くと体力が続かなくなって、〝無断欠勤〟するから直ぐクビになる。

ルンペン稼業は効率が悪いが、乞食は楽と云えば楽だ。2～3時間、お得意先の家を回ってくれば3～4日食べられる。ただし、自尊心が傷付くから精神的には疲れる。得意先のタイタイ（奥さん）の説教ではないが「こんな事続けていたら、人間が駄目になる」かも知れない。「武士は食わねど高楊枝」で行きたいのだが、空腹にはなかなか勝てない。恥を承知で中国人民家を回った。

当時、延吉市では14～15歳の少年が働く場合、一日の日給は十元（円）、それに昼食と夕食が付いている場合が多かった。満洲では「今日は」の挨拶が「ツー・ワンラマ」（食事は済みましたか）である。それだけ食べる事が重要視されていたのだろう。

十元で買えるものといえば、あんこの入った大福餅が一個五元、二つ買えば終わりである。母や弟の食べ物を確保するのは至難の業であった。

軍備よりも高い文化あれば人々は寄り来たる

筆者が仕事にありついた家は、漢民族が多かった。夕食の一家団らんに加えてくれる家もあった。そこで、漢民族の意識と言うか、民族共通の哲学のような話しを聞いた。彼等には４０００年の歴史に基づく民族の誇りがあり、学ぶ事が多かった。

彼等は言う「高い文化を持っていれば、それを活用したい人々がやって来る。唐時代の都長安は、金髪に青い眼も含め外国から多くの人が訪れて、長安は人口百万人の世界一の都市に発展した。進んだ科学技術、整備された政治・行政の制度、思想、哲学、絵画、音楽など学術、芸術も学ぶため多くの国や地方から多くの人々が集まった。多額の軍備費をかけて他国を攻め取るよりも、高い文化の魅力で人を集める方が素晴しいと思わないかね」と語るのである。

ある人はこう言った。「軍事力で領土を広げても道路や橋、港湾、水利など土地の基盤整理に費用がかかり、効率的ではない。中国は国土が広いから、現状以上に広げる意識は無かった。国土を広げたのは蒙古族政権の元時代と満州族政府の清国時代、清朝第六代の乾隆帝時代には支配区域をチベットなどまで広げ、元を除く歴代王朝の中で一番広い国土を確保し、それがほぼ現在に繋がっている。漢民族政権の時に国土の拡大は無かった。その必要が無かったということだ」と。

第二次世界大戦後、戦闘で国土や施政範囲を大幅に失った日本、ドイツが戦後の経済成長で世界のトップを競っている。こじ付けと言われるかも知れないが、漢民族の言う国土不拡大の成果と言えるかも知れない。

漢民族の牧童少年から生涯忘れ得ぬ事を学ぶ

筆者が酪農家で牧童をしている時、隣家にも同じ年頃の牧童がいた。朝牛や豚などの家畜を連れて郊外の草原へ行き、夕方帰って来る日が続いた。牧童少年とも話すようになり、草原では地面に字や絵を書いて意志を伝えるようになった。少年は漢民族で筆者より一歳年上だった。何年か前、関東軍の匪賊討伐で村が焼き払われ、家族が死亡して一人ぼっちになったという。学校には通っていなかったようだが、読み書きができて物事をよく知っていた。

彼の発言で今も鮮明に覚えている事がある。世界の民族ランキングをどう付けるか話した時、彼は日本人を米英など西欧より高い三番目にあげた。

「中国を侵略し、戦争に負けた日本人がなぜ……」とたずねたら「日本人は隣人だ。勤勉で頭も悪くない。多くの人たちは正直で相手の事も考えるからいい」と答えた。

「戦争に勝った米国人や英国人が低い評価なのはなぜ……」と聞いたら

「彼等は自分さえ良ければいい人たちだ。自分の損得や利害が最優先で相手の事など考えない。英国は人間を廃人にしてしまう阿片を買わないといって清国に戦争（阿片戦争）をぶっかけた。米国は敗戦目前の日本へ一発で十数万人が死亡する原子爆弾を使った。原子爆弾による大量殺害はもちろん、都市への無差別爆撃も国際法違反だよ。そんな事する人間を評価できるかい？」と言った。彼の言葉が輝いているように思えた。

戦後75年が過ぎた今、世界の在り様を見ると、あの中国東北部の原野で漢民族の牧童少年が語っていた事が現実に合っているように見える。あの牧童少年は一体何者だったのだろうか。

人類の歴史をみると、度重なる戦争で多くの犠牲者を出している。第一次世界大戦（１９１４～１９１８年）では兵９００万人、民間人２０００万人の死者を出し、第二次世界大戦（１９３９～１９４５年）では最近までアジア・ヨーロッパで犠牲者各２０００万人計４０００万人と言われていたが、最近では犠牲者総数６０００万人にふえている。日本でも３１０万人が犠牲になった。

こうした戦争の痛ましい実態を知りながらベトナム戦争、湾岸戦争、イラク戦争、アフガン戦争などで多くの血を流している。それでも軍備の生産を止めようとしない。米国のように軍産共同体経済を敷いていると、10年に一度ぐらいのペースで大きい戦争がないと兵器産業が左前になってしまう。大きな犠牲者の上に利益を生み出すような経済の仕組は変えた方がいい。「人殺しの道具で金もうけしようなんて、とんでもない了見だ」と思わないのだろうか。

漢民族の牧童少年が高い評価をしなかった理由が、今頃になってはっきりしたような気がする。世界平和を守るのに必要なのは、相手に対抗する武器ではない。〝相手を思い遣る心〟が一番大切なことを知って欲しい。元軍国少年だった卒寿老人からの切なる願いである。

「岡山人じゃが2020」執筆者および岡山ペンクラブ会員プロフィル

赤井克己（あかい・かつみ）

岡山ペンクラブ会長。1934年岡山市東区瀬戸町生まれ。神戸大経営学部卒。58年に山陽新聞社入社。編集局長、常務、専務を経て、98年に山陽印刷社長。02年に同社を退任しハワイ・日米経営科学研究所に留学、国際ビジネスを学ぶ。英検1級、国連英検A級、V通訳英検A級。87年山陽新聞連載企画「ドキュメント瀬戸大橋」取材班代表で日本新聞協会賞受賞。2013年大原孫三郎・総一郎研究会募集論文に「新聞経営に見る大原孫三郎の先見性と革新性」が入選。著書に『67歳前社長のビジネス留学』（私家版）『おかやま雑学ノート』（第1集〜第17集）、『瀬戸内の経済人』『続瀬戸内の経済人』（以上吉備人出版）、『岡山人じゃが』（共著・吉備人出版）など。岡山市北区在住。

池田武彦（いけだ・たけひこ）

1939年生まれ。関西学院大学卒。62年に山陽新聞社入社。編集局経済部長、東京支社編集部長、論説主幹などを務め2000年2月定年退職。2013年まで「おかやま財界」編集長。著書に『漱石の〝岡山人脈〟をたどる』（山陽新聞出版センター）、『岡山人じゃが』（共著・吉備人出版）。岡山市北区在住。

石津圭子（いしづ・けいこ）

1968年福岡県北九州市生まれ、1981年岡山市に転入。岡山大学文学部卒。92年編集プロダクション㈱エディターズ（岡山市）入社。旅情報誌『まっぷる』（昭文社）や雑誌『Myおかやま』（山陽新聞社）などで編集・ライティングを担当。広告デザイン事務所勤務を経て2003年フリーライターに。雑誌『オセラ』創刊号より82号まで『追憶のモニュメント』連載執筆。著書に『岡山人じゃが』（共著・吉備人出版）。岡山市南区在住。

猪木正実（いのき・まさみ）
１９４５年岡山県井原市生まれ。九州国際大学法経学部卒。69年岡山日日新聞社入社、経済、岡山市政、岡山県政を担当。81年瀬戸内海経済レポートに出向、取締役、常務を経て08年退任し顧問。この間編集長二十年。著書に『繊維王国おかやま今昔』『土光敏夫の世界』『守分十の世界』『三木行治の世界』『野崎邸と塩田王野崎武左衛門』『岡山の銀行』（いずれも岡山文庫）『ツバル２０１０』（河田雅史共著）。玉野市在住。

今西宏康（いまにし・ひろやす）
１９６４年兵庫県神戸市生まれ。83年岡山県立岡山大安寺高等学校卒業。89年筑波大学社会学類卒業。新日本製鐵入社。95年岡山に帰郷。伯父・父の事業に参画。２００７年今西農園開設。17年合同会社オフィスイマニシ設立。岡山の地方創生に一石を投じようと人物伝の執筆を開始する。著書に『恕の人犬養毅』（吉備人出版）、『慶長三年醍醐寺の夜』ほか。和気郡和気町在住。

日高　一（ひだか・ひとし）
１９３１年神戸市生まれ。早稲田大卒。58年山陽新聞社入社、津山支社編集部長などを経て89年定年退職。04年旧満州での戦争体験『間島の夕映え』が山陽新聞創刊１２５周年記念企画として連載される。日本ジャーナリスト会議会員。著書に『津山城物語』『夕映え』『笠岡諸島』（以上山陽新聞社）、『岡山人じゃが』（共著・吉備人出版）など。岡山市北区在住。

廣坂武昌（ひろさか・たけまさ）
昭和14年（１９３９年）生まれ。昭和33年（１９５８年）岡山東商高卒業、山陽放送入社・平成12年（２０００年）定年退職（在社中岡山大学法経短期大学部卒業）。平成15年（２００３年）佛教大学仏教科卒業、平成21年（２００９年）同大学院仏教文化専攻修了。現在現代美術「寥」後援会理事、佛教大学仏教学会会員、（公財）岡山市シルバー人材センター職員（派遣コーディネーター）、田賀屋狂言会事務局長、光匠園（造園）顧問。著書に『狂言綺語の過ちは』、『岡山人じゃが』（共著・吉備人出版）。岡山市北区在住。

青山　融（あおやま・とおる）
１９４９年岡山県津山市生まれ。東京大学法学部卒。74年に日本交通公社『旅』編集部に入社。80年にUターンして株式会社アスに入社。『月刊タウン情報おかやま』編集長、出版企画部長、雑誌『オセラ』編集長、同誌編集顧問を経て14年定年退職。趣味は古墳探訪、ミステリ読書、岡山弁研究。岡山弁協会会長。

著書に『岡山弁会話入門講座』『岡山弁JAGA!』（アス）、『岡山弁JARO?』（ビザビリレーションズ）、『岡山人じゃが』（共著・吉備人出版）など。岡山市中区在住。

山川隆之（やまかわ・たかゆき）

1955年岡山市生まれ。三重大学農学部卒。伊勢新聞記者、生活情報紙「リビングおかやま」編集長を経て95年に㈱吉備人を設立。『絵本のあるくらし』『のれん越しに笑顔がみえる』『粘着の技術―カモ井加工紙の87年』『愛だ!上山棚田団―限界集落なんて言わせない!』などの編集を担当。㈱吉備人代表取締役。日本出版学会会員、デジタルアーカイブ学会会員。著書に『地方企業の出版戦略』『岡山人じゃが』、『聞く、書く。1〜3集』（共著・吉備人出版）。岡山市中区在住。

米原比呂夢（本名＝擴・よねはら・ひろむ）

1949年大分県大分市生まれ。大阪市立大学卒。73年産経新聞社入社。岡山支局を駆け出しに、広島支局長、岡山総局長、神戸総局長、横浜総局長をはじめ、大阪新聞編集長、サンケイスポーツ大阪編集局次長など歴任、2009年4月、岡山で定年退職した。大阪社会部時代、警察庁指定114号事件（グリコ事件）の、ハウス脅迫事件では異例の報道協定締結に貢献した。生涯現場記者をモットーに、国鉄の分割・民営化、阪神大震災などの事件・事故を現場で取材した。著書に『岡山人じゃが』（共著・吉備人出版）など。岡山市中区在住。

●岡山ペンクラブ

2003年6月に発足した文化団体。岡山の文化の発展を願い、積極的に発言・提言することを目的としている。現在の会員は、地元新聞社、放送局、出版社で活躍したOBや現役編集長など文筆活動にかかわる人たちが中心である。これまでに『岡山人じゃが―〈ばらずし的県民性論〉』（2004年）、『岡山人じゃが2―〈ばらずし的県民〉の底力』（2005年）など『岡山人じゃが』シリーズを出版。

●岡山人じゃが 2020

●岡山ペンクラブ・編
池田武彦／赤井克己／廣坂武昌／猪木正実／石津圭子／今西宏康／日高 一

●題　字　稲岡健吾

●イラスト　横幕朝美

●発行日　2020 年 9 月 30 日

●定　価　本体 1200 円＋税

●発行所　吉備人出版
〒 700-0823　岡山市北区丸の内 2 丁目 11-22
電話 086-235-3456　ファクス 086-234-3210
ウェブサイト www.kibito.co.jp
E メール books@kibito.co.jp
郵便振替 01250-9-14467

●印　刷　株式会社三門印刷所

●製　本　株式会社岡山みどり製本

ISBN978-4-86069-631-3　C0095